汽车保养与维护实训指导书

主　编　蔡志乾

副主编　邬纯慧　邵余丰　武　岗　朱青燕

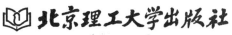

北京理工大学出版社

BEIJING INSTITUTE OF TECHNOLOGY PRESS

内 容 简 介

本书根据职业学校的教学实际，以汽车保养与维护常见案例作为实训依据，根据实际教学需求，有针对性地设置实训教学任务，增强学生实际动手能力。每个项目均在实车上完成，贴近实践，增强学生对修理过程的真实感受。本书根据教材相对应地设计了 20 个项目供不同学校根据自身条件有选择性地完成。全书始终贯穿"7S"管理模式，以使学生具有良好的职业素养，为学生就业打好扎实的基础。

全书讲解清晰、简练，配有大量的图片，明了直观。本书适合作为职业院校汽车专业教材，也可作为汽车售后服务站专业技术人员的培训教材。

图书在版编目（CIP）数据

汽车保养与维护实训指导书 / 蔡志乾主编 . —北京：北京理工大学出版社，2021. 12 重印
ISBN 978-7-5682-5016-0

Ⅰ . ①汽…　Ⅱ . ①蔡…　Ⅲ . ①汽车—车辆保养—职业教育—教材②汽车—车辆修理—
职业教育—教材 Ⅳ . ① U472

中国版本图书馆 CIP 数据核字（2017）第 296404 号

出版发行 / 北京理工大学出版社有限责任公司
社　　址 / 北京市海淀区中关村南大街 5 号
邮　　编 / 100081
电　　话 / （010）68914775（总编室）
　　　　　 （010）82562903（教材售后服务热线）
　　　　　 （010）68944723（其他图书服务热线）
网　　址 / http : //www.bitpress.com.cn
经　　销 / 全国各地新华书店
印　　刷 / 定州市新华印刷有限公司
开　　本 / 787 毫米 × 1092 毫米　1/16
印　　张 / 8
字　　数 / 167 千字
版　　次 / 2021 年 12 月第 1 版第 2 次印刷
定　　价 / 28.00 元

责任编辑 / 陆世立
文案编辑 / 陆世立
责任校对 / 周瑞红
责任印制 / 边心超

前言 *PREFACE*

截至 2016 年年底，我国汽车保有量已经突破了 1.94 亿辆。随着汽车电子技术的不断发展，车辆上电控系统的数量不断增多，而且功能也越来越复杂。特别是建立在先进传感技术基础上的故障诊断系统在各种汽车上大量应用之后，各种现代化检测诊断仪器和维修技术也应运而生，现代汽车已发展成为机电一体化的高科技载体。这给汽车维修业带来了极大的机遇和挑战，同时也对汽车维修人员的技术水平提出了更高、更新的要求。

同时，为了解决学生学不懂、学习兴趣不浓、教材内容枯燥乏味，老师不好教等问题，北京理工大学出版社特邀请一批知名行业专家、学者以及一线骨干老师结合新的专业教学标准，规划出版了该套图解版汽车职业教育系列教材。

本系列教材坚持如下定位：

以就业为导向，培养学生的实际运用能力，以达到学以致用的目的；

以科学性、实用性、通用性为原则，以使教材符合职业教育汽车类课程体系设置；

以提高学生综合素质为基础，充分考虑对学生个人能力的提高；

以内容为核心，注重形式的灵活性，以便于学生接受。

本系列坚持理论知识图解化的基本理念，教材配有大量的插图、表格和立体化教学资源，介绍了大量的故障诊断、维修服务和营销案例。

在内容上强调面向应用、任务驱动、精选案例、严控质量；

在风格上力求文字简练、脉络清晰、图表明快、版式新颖；

在理论阐述上，遵循"必需"、"够用"的原则，在保证知识体系相对完整的同时，做到知识讲解实用、简洁和生动。

汽车作为机电产品，即使是性能极其卓越的汽车，随着行驶里程的增加，其零部件都会逐渐发生磨损，技术状况会不断变差，这是不可避免的。汽车维护保养是保持汽车处于良好技术状况的基础，也是汽车实现高效、低耗、安全、低污染运行的基本技术保证，同时也是减少故障、延长汽车使用寿命的重要措施。科学、及时地对自有车辆进行维护保养，将对车辆时刻保持良好的技术状态有着至关重要的作用。

本书根据职业学校的教学实际，以汽车保养与维护常见案例作为实训依据，根据实际教学需求，有针对性地设置实训教学任务，增强学生实际动手能力。每个项目均在实车上完成，贴近实践，增强学生对修理过程的真实感受。本书根据教材相对应地设计了20个项目供不同学校根据自身条件有选择性地完成。全书始终贯穿"7S"管理模式，以使学生具有良好的职业素养，为学生就业打好扎实的基础。

本书图文并茂、通俗易懂，适合作为职业院校汽车专业教材，也可作为汽车售后服务站专业技术人员的培训教材。

由于作者水平有限，书中可能会有疏漏和不妥之处，欢迎读者批评指正。

编　者

目　录

项目一　汽车清洗与内室清洁

一、实训目的

（1）让学生了解汽车清洗及内室清洁的注意事项。

（2）让学生掌握汽车清洗及清洁的方法及步骤。

（3）锻炼学生的团队协作和动手能力。

二、实训前准备

此次实训所需主要设备与工具分别为洗车水枪、汽车清洁泡沫机、毛巾、抹布、气枪、吸尘设备、消毒设备、清洗海绵、清洗刷子等。

三、老师讲解示范

（1）工具的使用方法。

（2）操作注意事项。

四、实训管理

（1）学生分组：每组 4~5 人，先让学生自己分组，选出 1 名组长并记录名字，然后视情况进行适当调整，如表 1-1 所示。

表 1-1　学生分组表

第一组	第二组	第三组	第四组
组长：	组长：	组长：	组长：
成员：	成员：	成员：	成员：

（2）学生组长：协调成员，规范学生操作（见表1-2）并收集遇到的问题。

表1-2　学生规范操作表（一）

第__组			
姓名：	姓名：	姓名：	姓名：
是否串岗（　　）	是否串岗（　　）	是否串岗（　　）	是否串岗（　　）
是否完成项目（　　）	是否完成项目（　　）	是否完成项目（　　）	是否完成项目（　　）
评价：优、良、差	评价：优、良、差	评价：优、良、差	评价：优、良、差

（3）老师指导：对操作现场进行安全检查，提醒学生注意安全，规范学生操作（见表1-3），解决并收集学生遇到的问题，指导班长协助管理。

表1-3　学生规范操作表（二）

班长：

第一组组长	第二组组长	第三组组长	第四组组长
是否串岗（　　）	是否串岗（　　）	是否串岗（　　）	是否串岗（　　）
是否协调成员（　　）	是否协调成员（　　）	是否协调成员（　　）	是否协调成员（　　）
评价：优、良、差	评价：优、良、差	评价：优、良、差	评价：优、良、差

五、实训操作

1.汽车清洗

下面以科鲁兹轿车为例，讲解汽车的清洗过程。

1）冲淋

接到服务车辆后，由一人负责将车驶入工作间，一人在车前引导，适时提醒驾驶者控制好方向。车辆停放平稳后，一人用高压水冲去车身污物，顺序为自上而下，整个过程中始终由一个方向向另一边的斜下方冲洗，尽量避免正向或反向冲洗，以免将泥沙冲回已经冲洗干净的部位。冲洗车时不可忽视的部位是车身的下部及底部，因为大量的泥沙和污物一般都聚集在这些部位，如果稍不注意就会遗留下泥沙等物质，这样在进行下面的工序——擦洗时就会划伤汽车漆面。因此，必须尽可能地冲洗掉车身下部及车底的大颗粒泥沙，如图1-1所示。

2）擦洗

将配制好的洗车液均匀喷洒在车身表面，如果有泡沫清洗机，可先将泡沫喷洒在车身表面，如图1-2所示。然后两人手持海绵一左一右按照从上到下的顺序擦洗车身，如图1-3所示。擦洗时应注意对全车的每个角落都要细致认真地进行擦洗，同时注意车身表面有些冲洗不掉的附着物，不可用力猛擦，以免损坏车身漆面。对于焦油、沥青等顽固污渍，应使用专用溶剂来清洗，如图1-4所示。

图 1-1　冲淋

图 1-2　喷洒泡沫

图 1-3　擦洗

图 1-4　清洗

3）冲洗

擦洗完毕之后，开始冲洗车身，顺序同冲车一样，但这时应以车顶、上部和中部为重点。因为冲车时已经将车身下部冲洗得比较干净并进行了一定的擦洗。这时的冲洗主要应为冲洗中部以上的部位，向下流动的水基本能够将下部及底部冲洗干净，所以下部和底部一带而过即可，如图 1-5 所示。

图 1-5　冲洗

4）擦车

用半湿性大毛巾将整个车身从前至后先预擦一遍，待车身中部及下部大部分水分被吸干之后，用干毛巾细擦一遍，要求擦干所留下的水痕，如图 1-6 所示。这样经过"一湿一干"两遍抹擦之后车身应不留水痕而且十分干净。擦车时应注意检查洗车工序中容易遗漏的部位，如刮水器安装部位、车身底部等。

图 1-6　擦车

5）吹干

完成前面四道工序后，车身表面基本洗干净。但是有些地方在擦车时不容易擦干，如发动机盖边沿及内侧、车门边缘内侧、车门把手内侧、行李舱边沿内侧、油箱盖内侧等凹进去的地方，这时要用压缩空气来进行吹干，如图1-7所示。操作时可一手拿着压缩空气枪，一手拿着干净抹布，边吹边抹，直到吹干为止。

图1-7　擦车

6）清除车表顽固污渍

汽车行驶时有可能粘上焦油、沥青等污物，如果没有及时清洗，这些污物会长时间附着在漆面上，形成顽固的污斑，使用普通的清洗液一般难以清除干净，可以采用如下方法处理。

（1）使用焦油去除剂清除。焦油去除剂是汽车美容的常用产品，主要用于沥青、焦油等有机烃类化合物的清洁。使用专用的焦油去除剂，既可有效溶解顽固污物，又不会对漆面造成损伤。在沥青、焦油等顽固污渍的清除作业中，最好选用专用产品，若无专用去除剂，可考虑使用下面两种方法。

（2）使用有机溶剂清除。如果没有专用的焦油去除，可选用有机溶剂，但选用时一定要注意不可选用对车漆有溶解作用的有机溶剂，如含醇类、苯类的有机溶剂及松节水等。一般可用溶剂汽油浸润后，擦拭清除污物。

（3）使用抛光机清除。使用抛光机清除污物时可加入适当的研磨剂，也能有效地去除附着在车表的沥青、焦油等顽迹。但操作时要注意抛光机的使用，注意选择抛光机的转速和抛光盘的材质，避免抛光过度，得不偿失。

2. 内室清洁

1）整理杂物

将杂物箱里的杂物或垃圾清理干净，并把地毯拿出来用软毛刷清理。

2）除尘

杂物清理完后，用吸尘机将车内的灰尘吸净，特别是座椅下或各角落。

3）清洗

对于不同的内饰件材质，使用不同的清洗方法，如表1-4所示。

表 1-4　车室清洗的不同方法

方法	说明
真皮饰品的清洗	清洗真皮饰品时，应选用专用皮革清洗剂进行清洗。喷上清洗剂后用软毛刷轻轻刷洗，然后用干净的抹布擦干。清洁后，可使用皮革类专业保护剂，如油性真皮上光保护剂等，对擦干的真皮进行上光擦拭
塑料饰品的清洗	先用专用的清洗剂喷洒于塑料部件，然后用海绵稍蘸清水擦洗表面，直至细纹中的污垢被清除干净，再用半湿性毛巾擦洗表面的污垢。擦洗时应避免用力过猛，以免出现失光白化现象。清洁后，可用塑料护理上光剂、皮塑防护剂等进行上光处理
橡胶饰品的清洗	可将专用清洗剂喷洒于半湿性毛巾上，然后直接擦洗橡胶部件，再用干净的半湿性毛巾擦洗表面的污物
玻璃的清洗	先用风窗玻璃专用清洁剂进行清洗，然后涂上风窗玻璃防雾剂
车内其他材质的清洗	现代汽车内部运用了多种复合材料，其中较多的有乙烯塑料纤维等。可直接喷洒专用清洁剂在上面，然后用抹布擦干净即可。清洁完后喷涂一层塑件橡胶润光剂，可防止其过早老化——变脆、变硬

4）上光护理

清洗过的真皮饰品、塑料饰品、橡胶饰品都必须进行上光护理，以保持其光艳性。

5）消毒处理

（1）臭氧消毒。臭氧的氧化能力很强，对细菌、病毒等微生物的杀灭率高、速度快，对有机化合物等污染物质去除彻底而又不产生二次污染。使用时，应关闭好车门窗，保持车内良好的密封效果。臭氧消毒机要求在相对湿度大于 60% 条件下使用，一次开机消毒时间以大于半小时为宜。

（2）光触媒消毒。"光触媒"是以二氧化钛为代表的具有光催化功能的光半导体材料的总称。它比臭氧、负氧离子有着更强的氧化能力，可强力分解臭源，有极强的防污、杀菌和除臭功能。光触媒机如图 1-8 所示。

图 1-8　光触媒机

六、练习与思考

（1）进行汽车清洗项目时，应该注意哪些注意事项？

（2）常见的属于汽车内室清洗的美容项目有哪些？

（1）成员实训报告如表 1-5 所示。

表 1-5　成员实训报告表

姓名		班级		分组		日期	
实训项目							
实训内容							
自己评语							
老师评语							

（2）组长实训报告如表1-6所示。

表 1-6　组长实训报告表

姓名		班级		分组		日期	
实训项目							
实训内容							
	第　　　组						
姓名：		姓名：		姓名：		姓名：	
是否串岗（　　　）		是否串岗（　　　）		是否串岗（　　　）		是否串岗（　　　）	
是否完成项目（　　　）		是否完成项目（　　　）		是否完成项目（　　　）		是否完成项目（　　　）	
评价：优、良、差		评价：优、良、差		评价：优、良、差		评价：优、良、差	
自己评语							
老师评语							

（3）班长实训报告如表1-7所示。

表1-7 班长实训报告表

姓名		班级		分组		日期	
实训项目							
实训内容							

第一组	第二组	第三组	第四组
是否串岗（ ）	是否串岗（ ）	是否串岗（ ）	是否串岗（ ）
是否完成项目（ ）	是否完成项目（ ）	是否完成项目（ ）	是否完成项目（ ）
评价：优、良、差	评价：优、良、差	评价：优、良、差	评价：优、良、差

自己评语	
老师评语	

项目二 漆面打蜡

 一、实训目的

（1）让学生了解汽车漆面打蜡的注意事项。

（2）让学生掌握汽车漆面打蜡的方法。

（3）锻炼学生的团队协作和动手能力。

 二、实训前准备

此次实训所需主要设备与工具分别为洗车水枪、汽车清洁泡沫机、汽车上蜡相关设备、毛巾、抹布、气枪等。

 三、老师讲解示范

（1）工具的使用方法。

（2）操作注意事项。

 四、实训管理

（1）学生分组：每组 4~5 人，先让学生自己分组，选出 1 名组长并记录名字，然后视情况进行适当调整，如表 2-1 所示。

表 2-1 学生分组表

第一组	第二组	第三组	第四组
组长：	组长：	组长：	组长：
成员：	成员：	成员：	成员：

（2）学生组长：协调成员，规范学生操作（见表2-2）并收集遇到的问题。

表2-2 学生规范操作表（一）

第 组			
姓名：	姓名：	姓名：	姓名：
是否串岗（ ）	是否串岗（ ）	是否串岗（ ）	是否串岗（ ）
是否完成项目（ ）	是否完成项目（ ）	是否完成项目（ ）	是否完成项目（ ）
评价：优、良、差	评价：优、良、差	评价：优、良、差	评价：优、良、差

（3）老师指导：对操作现场进行安全检查，提醒学生注意安全，规范学生操作（见表2-3），解决并收集学生遇到的问题，指导班长协助管理。

表2-3 学生规范操作表（二）

班长：

第一组组长	第二组组长	第三组组长	第四组组长
是否串岗（ ）	是否串岗（ ）	是否串岗（ ）	是否串岗（ ）
是否协调成员（ ）	是否协调成员（ ）	是否协调成员（ ）	是否协调成员（ ）
评价：优、良、差	评价：优、良、差	评价：优、良、差	评价：优、良、差

五、实训操作

（1）清洗车辆（请参考项目一），待车身完全干燥后才能上蜡。

（2）手工打蜡时，应将适量车蜡涂在海绵块上，然后在车身表面做直线往复式涂抹，不可将蜡液倒在车身上乱涂或做圆圈式涂抹。一次作业要连续完成，不可涂涂停停。车蜡在车身上涂抹5～10min，待蜡渗透于面漆内，再用鹿皮均匀擦拭，将蜡层擦得如镜般光滑为止。

（3）使用上蜡机打蜡时，将车蜡涂在海绵垫上，操作人员不可用力过大，以免破坏原漆。

（4）打蜡作业完成后，应清除车灯、车牌、车门和行李舱等处缝隙中的残留车蜡，这些车蜡如不及时清除，不仅影响车身美观，而且可能产生锈蚀。因此，应仔细检查，彻底清除干净。

六、练习与思考

（1）汽车上蜡有什么作用？
（2）漆面上蜡的时候应该注意什么？

七、实训报告

（1）成员实训报告如表 2-4 所示。

表 2-4　成员实训报告表

姓名		班级		分组		日期	
实训项目							
实训内容							
自己评语							
老师评语							

（2）组长实训报告如表2-5所示。

表2-5 组长实训报告表

姓名		班级		分组		日期	
实训项目							
实训内容							
第 组							
姓名：		姓名：		姓名：		姓名：	
是否串岗（ ）		是否串岗（ ）		是否串岗（ ）		是否串岗（ ）	
是否完成项目（ ）		是否完成项目（ ）		是否完成项目（ ）		是否完成项目（ ）	
评价：优、良、差		评价：优、良、差		评价：优、良、差		评价：优、良、差	
自己评语							
老师评语							

（3）班长实训报告如表2-6所示。

表2-6　班长实训报告表

姓名		班级		分组		日期	
实训项目							
实训内容							
第一组		第二组		第三组		第四组	
是否串岗（　　）		是否串岗（　　）		是否串岗（　　）		是否串岗（　　）	
是否完成项目（　　）		是否完成项目（　　）		是否完成项目（　　）		是否完成项目（　　）	
评价：优、良、差		评价：优、良、差		评价：优、良、差		评价：优、良、差	
自己评语							
老师评语							

项目三　机油与机油滤芯器的检查与更换

一、实训目的

（1）让学生了解机油与机油滤芯器的检查与更换注意事项。

（2）让学生掌握机油与机油滤芯的检查与更换方法。

（3）锻炼学生的团队协作和动手能力。

二、实训前准备

此次实训所需主要设备与工具分别为举升机、毛巾、抹布、气枪。

三、老师讲解示范

（1）工具的使用方法。

（2）操作注意事项。

四、实训管理

（1）学生分组：每组4~5人，先让学生自己分组，选出1名组长并记录名字，然后视情况进行适当调整，如表3-1所示。

表3-1　学生分组表

第一组	第二组	第三组	第四组
组长：	组长：	组长：	组长：
成员：	成员：	成员：	成员：

（2）学生组长：协调成员，规范学生操作（见表3-2）并收集遇到的问题。

表 3-2 学生规范操作表（一）

第　组			
姓名：	姓名：	姓名：	姓名：
是否串岗（　　　）	是否串岗（　　　）	是否串岗（　　　）	是否串岗（　　　）
是否完成项目（　　）	是否完成项目（　　）	是否完成项目（　　）	是否完成项目（　　）
评价：优、良、差	评价：优、良、差	评价：优、良、差	评价：优、良、差

（3）老师指导：对操作现场进行安全检查，提醒学生注意安全，规范学生操作（见表 3-3），解决并收集学生遇到的问题，指导班长协助管理。

表 3-3 学生规范操作表（二）

班长：

第一组组长	第二组组长	第三组组长	第四组组长
是否串岗（　　　）	是否串岗（　　　）	是否串岗（　　　）	是否串岗（　　　）
是否协调成员（　　）	是否协调成员（　　）	是否协调成员（　　）	是否协调成员（　　）
评价：优、良、差	评价：优、良、差	评价：优、良、差	评价：优、良、差

五、实训操作

下面以科鲁兹轿车为例，讲解机油与机油滤清器的检查和更换过程。

（1）施工前准备工作。

①停放好车辆并拉紧驻车制动器，如图 3-1 和图 3-2 所示。

图 3-1 停放好车辆

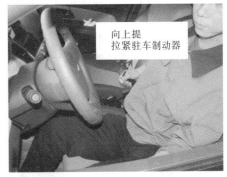

向上提
拉紧驻车制动器

图 3-2 拉紧驻车制动器

②先了解汽车的重心位置，调整举升机上的托臂，使支承垫支承到汽车的推荐举升点上，如图 3-3 和图 3-4 所示。

图3-3 调整举升机上的托臂

图3-4 使支承垫支承到汽车的推荐举升点上

③举升车辆少许，检查并确认支承垫是否支承到汽车的推荐举升点上，如图3-5所示。

④开启发动机前盖开关，打开发动机前盖并确保支撑杆支撑到位，如图3-6和图3-7所示。

⑤准备维修实训作业相关的保护装置和实训工具及用品。如图3-8和图3-9所示。

（2）起动发动机，先预热发动机至正常工作温度，如图3-10所示。

图3-5 举升车辆少许

图3-6 开启发动机前盖开关

图3-7 确保支撑杆支撑到位

图3-8 安装翼子板布

图 3-9 准备实训工具及用品

图 3-10 起动、预热发动机至正常工作温度

（3）熄火后，打开发动机机油加注口，举升车辆并检查发动机机油是否有泄漏痕迹，如图 3-11 所示。

（4）取下发动机机油放油螺栓，排放发动机机油，如图 3-12 和图 3-13 所示。

（5）排放完毕后，擦净放油螺栓，再按规定力矩拧紧放油螺栓。

（6）用扳手拧松机油滤清器盖并取出机油滤芯，如图 3-14 所示。

图 3-11 检查发动机机油是否有泄漏痕迹

图 3-12 拆卸发动机机油放油螺栓

图 3-13 排放发动机机油

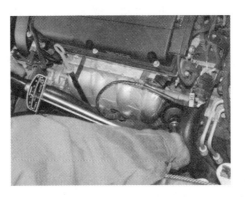

图 3-14 取出机油滤芯

（7）更换新滤芯后，先用手把机油滤清器盖拧紧直到滤油器"O"形环与安装表面接触，再用专用工具将其拧紧。为了恰当地拧紧机油滤清器，注意识别滤清器"O"形环与安装表面初始接触的精确位置。待"O"形与安装表面接触后，用机油滤清器扳手把滤清器拧紧 3/4 转。

（8）从发动机机油加注口向车辆加入适量的机油，如图 3-15 所示。

图 3-15　加入适量的机油

（9）加注完成的时候注意拔出机油尺检查机油的液位，使机油液位在标尺中间偏上位置时停止加注，如图 3-16 所示。

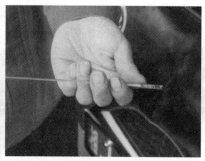

图 3-16　机油液位在标尺中间偏上位置

（10）机油加注完成后，起动发动机，怠速运转一段时间后，熄火后再次检查机油液位和发动机油底壳放油螺栓、机油滤清器密封接口处是否有泄漏现象。

（11）为了保证机油寿命系统正常工作，每次更换机油后必须重新设置系统。系统计算出机油寿命快要结束时，会通过指示灯指示需要更换机油。以下是机油寿命系统的复位方法。

①手动复位。

●打开点火开关。

●按下转向信号开关上的"MENU（菜单）"按钮，如图 3-17 所示。

●转动调节轮选择菜单"Vehicle Information System（车辆信息系统）"。

●转动调节轮选择菜单"Oil Life System（机油寿命系统）"。

●按下转向信号开关上的"SET/CLR（设置 / 清除）"按钮，并同时踩下制动踏板。

图 3-17　按下转向信号开关灯上的"MENU"按钮

②自动复位。

●打开点火开关。

●连接故障诊断仪，如图 3-18 所示。

●选择"Module Diagnosis（模块诊断）"。

●选择"Engine Control Module（发动机控制模块）"。

●选择"Configuration/Reset（配置 / 复位）"功能。

●选择"Engine Oil System Reset（发动机机油系统复位）"。

●按下"Enter（确认）"键运行此功能。

●确认执行成功。

●将点火开关置于"OFF（关闭）"位置并确认。

●将点火开关置于"ON（打开）"位置并确认。

图 3-18　连接故障诊断仪

 六、练习与思考

（1）更换汽车机油与机油滤芯器应该注意什么？

（2）更换机油与机油滤芯器后应该怎样复位机油寿命系统？

 七、实训报告

（1）成员实训报告如表3-4所示。

表3-4　成员实训报告表

姓名		班级		分组		日期	
实训项目							
实训内容							
自己评语							
老师评语							

（2）组长实训报告如表 3-5 所示。

表 3-5　组长实训报告表

姓名		班级		分组		日期	
实训项目							
实训内容							
第　　　组							
姓名：		姓名：		姓名：		姓名：	
是否串岗（　　　）		是否串岗（　　　）		是否串岗（　　　）		是否串岗（　　　）	
是否完成项目（　　　）		是否完成项目（　　　）		是否完成项目（　　　）		是否完成项目（　　　）	
评价：优、良、差		评价：优、良、差		评价：优、良、差		评价：优、良、差	
自己评语							
老师评语							

（3）班长实训报告如表 3-6 所示。

表 3-6　班长实训报告表

姓名		班级		分组		日期	
实训项目							
实训内容							

第一组		第二组		第三组		第四组	
是否串岗（　　）		是否串岗（　　）		是否串岗（　　）		是否串岗（　　）	
是否完成项目（　　）		是否完成项目（　　）		是否完成项目（　　）		是否完成项目（　　）	
评价：优、良、差		评价：优、良、差		评价：优、良、差		评价：优、良、差	

自己评语	
老师评语	

项目四 冷却液的检查与更换

一、实训目的

（1）让学生了解冷却液的检查与更换注意事项。

（2）让学生掌握冷却液的检查与更换方法。

（3）锻炼学生的团队协作和动手能力。

二、实训前准备

此次实训所需主要设备与工具分别为举升机、冷却液、盛装废弃冷却液的容器、螺钉旋具、毛巾、抹布等。

三、老师讲解示范

（1）工具的使用方法。

（2）操作注意事项。

四、实训管理

（1）学生分组：每组 4~5 人，先让学生自己分组，选出 1 名组长并记录名字，然后视情况进行适当调整，如表 4-1 所示。

表 4-1　学生分组表

第一组	第二组	第三组	第四组
组长：	组长：	组长：	组长：
成员：	成员：	成员：	成员：

（2）学生组长：协调成员，规范学生操作（见表4-2）并收集遇到的问题。

表4-2　学生规范操作表（一）

第　　组			
姓名：	姓名：	姓名：	姓名：
是否串岗（　　）	是否串岗（　　）	是否串岗（　　）	是否串岗（　　）
是否完成项目（　　）	是否完成项目（　　）	是否完成项目（　　）	是否完成项目（　　）
评价：优、良、差	评价：优、良、差	评价：优、良、差	评价：优、良、差

（3）老师指导：对操作现场进行安全检查，提醒学生注意安全，规范学生操作（见表4-3）解决并收集学生遇到的问题，指导班长协助管理。

表4-3　学生规范操作表（二）

班长：

第一组组长	第二组组长	第三组组长	第四组组长
是否串岗（　　）	是否串岗（　　）	是否串岗（　　）	是否串岗（　　）
是否协调成员（　　）	是否协调成员（　　）	是否协调成员（　　）	是否协调成员（　　）
评价：优、良、差	评价：优、良、差	评价：优、良、差	评价：优、良、差

五、实训操作

下面以科鲁兹轿车为例，讲解冷却液的检查及更换过程。

1. 清洗机清洗

（1）施工前准备工作参见项目三。

（2）了解发动机冷却系统的基本情况，找到冷却液加注口盖和冷却液排放口，并确定相应的施工方案。

（3）拧开冷却液缓冲罐盖，如图4-1所示。

> **注　意**
>
> 拧开冷却液缓冲罐盖的操作务必在冷车的时候进行，而且操作时最好用湿毛巾裹住缓冲罐盖再打开。

（4）举升车辆，准备好盛放废弃冷却液的容器。打开散热器上的排放螺钉以排放冷却液，如图4-2所示。

（5）冷却液排放完毕后，闭合散热器上的排放螺钉，如图4-3所示。注意：当冷却液流出到松开的通风螺钉上时，闭合通风螺钉。

图4-1 拧开冷却液缓冲罐盖

图4-2 打开排放螺钉

图4-3 闭合排放螺钉

（6）拆下散热器上的通风螺钉并再次旋进螺纹。

（7）加满冷却液直到缓冲罐上的冷却液液位在"min"和"max"之间。当冷却液停止下降时，加注冷却液直到管口下方的底线标记"min"和"max"之间，如图4-4和图4-5所示。

（8）起动发动机，在发动机起动后，立即加满冷却液至管口下方的标线"min"和"max"之间并拧紧盖子。

（9）关闭发动机，并使发动机冷却。

（10）再次检查冷却液液位并校正冷却液至"min"和"max"之间。

（11）整理和清洁施工现场和车辆。

图 4-4 添加冷却液

图 4-5 加满冷却液至指定位置

2.普通清洗剂清洗

（1）简单清洗。洗涤时，应放净旧冷却液，将发动机冷却系统加满清洁水（自来水），起动发动机运转 5 min 后放出。

（2）彻底清洗。当发动机散热性能不好、发动机冷却系统水垢过多时，可使用专用的散热器清洗剂进行清洗。

冷却系统洗涤步骤如下：

起动发动机，待其温度达到正常的工作温度后，使发动机停止转动并放净冷却液。将混有清洗剂的清洗液加入到冷却系统中。起动发动机，使发动机温度达到正常工作温度并怠速运转 20~30 min，然后使发动机停止转动，放出清洗液；用清洁的水冲洗冷却系统 5 min 后在发动机内注满清洁的水，再起动发动机使其运转 10 min 后放出即可。如果排出的液体较脏，应继续用清水反复清洗直到放出清水为止。

清洗冷却系统时，如果发动机温度低于正常温度（85℃），则节温器阀不能打开，清洗液只做小循环，并不在散热器和缸体水套中循环。所以，必须使发动机保持在正常温度。在清洗冷却系统后，应再次检查散热器冷却液情况，如散热器口是否有气泡出现等。

 六、练习与思考

（1）在更换发动机冷却液的时候应该注意什么？

（2）更换发动机冷却液的好处是什么？

 **七、实训报告**

（1）成员实训报告如表4-4所示。

表4-4 成员实训报告表

姓名		班级		分组		日期	
实训项目							
实训内容							
自己评语							
老师评语							

（2）组长实训报告如表4-5所示。

表4-5 组长实训报告表

姓名		班级		分组		日期	
实训项目							
实训内容							
第 组							
姓名：		姓名：		姓名：		姓名：	
是否串岗（ ）		是否串岗（ ）		是否串岗（ ）		是否串岗（ ）	
是否完成项目（ ）		是否完成项目（ ）		是否完成项目（ ）		是否完成项目（ ）	
评价：优、良、差		评价：优、良、差		评价：优、良、差		评价：优、良、差	
自己评语							
老师评语							

（3）班长实训报告如表 4-6 所示。

表 4-6　班长实训报告表

姓名		班级		分组		日期	
实训项目							
实训内容							

第一组	第二组	第三组	第四组
是否串岗（　　　）	是否串岗（　　　）	是否串岗（　　　）	是否串岗（　　　）
是否完成项目（　　　）	是否完成项目（　　　）	是否完成项目（　　　）	是否完成项目（　　　）
评价：优、良、差	评价：优、良、差	评价：优、良、差	评价：优、良、差

自己评语	
老师评语	

项目五 空气滤清器的检查与更换

一、实训目的

（1）让学生了解空气滤芯的拆装、检查与更换注意事项。

（2）让学生掌握空气滤芯的拆装、检查与更换方法。

（3）锻炼学生的团队协作和动手能力。

二、实训前准备

此次实训所需主要设备与工具分别为十字螺钉旋具、毛巾、抹布、气枪。

三、老师讲解示范

（1）工具的使用方法。

（2）操作注意事项。

四、实训管理

（1）学生分组：每组 4~5 人，先让学生自己分组，选出 1 名组长并记录名字，然后视情况进行适当调整，如表 26 所示。

表 5-1　学生分组表

第一组	第二组	第三组	第四组
组长：	组长：	组长：	组长：
成员：	成员：	成员：	成员：

（2）学生组长：协调成员，规范学生操作（见表 5-2）并收集遇到的问题。

表5-2　学生规范操作表（一）

第__组			
姓名：	姓名：	姓名：	姓名：
是否串岗（　　　）	是否串岗（　　　）	是否串岗（　　　）	是否串岗（　　　）
是否完成项目（　　）	是否完成项目（　　）	是否完成项目（　　）	是否完成项目（　　）
评价：优、良、差	评价：优、良、差	评价：优、良、差	评价：优、良、差

（3）老师指导：对操作现场进行安全检查，提醒学生注意安全，规范学生操作（见表5-3）解决并收集学生遇到的问题，指导班长协助管理。

表5-3　学生规范操作表（二）

班长：

第一组组长	第二组组长	第三组组长	第四组组长
是否串岗（　　　）	是否串岗（　　　）	是否串岗（　　　）	是否串岗（　　　）
是否协调成员（　　）	是否协调成员（　　）	是否协调成员（　　）	是否协调成员（　　）
评价：优、良、差	评价：优、良、差	评价：优、良、差	评价：优、良、差

 五、实训操作

下面以科鲁兹轿车为例，讲解空气滤清器的检查与更换方法。

（1）施工前准备工作。

①停放好车辆并拉紧驻车制动器，如图3-1和图3-2所示。

②开启发动机前盖开关，打开发动机前盖并确保支撑杆支撑到位，如图3-6和图3-7所示。

③准备维修实训作业相关的保护装置和工具，如图3-8和图3-9所示。

（2）观察空气滤清器总成结构，并确定拆解方案，如图5-1所示。

（3）断开相关线束连接插头，注意打开插头插接器保险开关后，再小心按住插头锁止开关缓慢拔出插头，如图5-2所示。

图5-1　观察空气滤清器总成结构

图5-2　断开相关线束连接插头

（4）拆下空气滤清器盖上部的固定螺栓，如图 5-3 所示。

（5）拿下空气滤清器滤芯上部端盖，取出空气滤清器滤芯，同时用洁净的毛巾塞紧发动机进气管以避免灰尘进入进气管，如图 5-4 和图 5-5 所示。

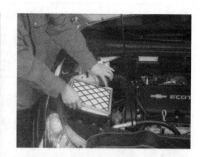

图 5-3　拆下固定螺栓　　　图 5-4　取出空气滤清器滤芯　　　图 5-5　用毛巾塞紧发动机进气管

（6）用抹布将滤清器底部和周边清洁干净，如图 5-6 所示。

（7）用气枪清洁空气滤芯及空气滤清器滤芯端盖，如图 5-7 所示。

图 5-6　清洁滤清器　　　　　　　　　图 5-7　清洁空气滤芯

（8）安装时按与拆卸相反的顺序进行。注意正确安装，检查维护时，滤芯上的密封垫必须确实安装在原位，以防止空气不经滤清器进入气缸。橡胶密封垫圈易脱落、老化变形，空气易从密封垫缝隙流过，把大量灰尘带进气缸。如密封垫老化变形、断裂，应更换新品。纸滤芯的抗压能力弱，不能装得过紧，否则易把纸滤芯压坏，影响滤清效果。

　六、练习与思考

（1）定期清洁和更换滤芯的一般期限里程数为多少？

（2）空气滤芯有什么特点？应该怎么选择和清洁？

 **七、实训报告**

（1）成员实训报告如表 5-4 所示。

表 5-4　成员实训报告表

姓名		班级		分组		日期	
实训项目							
实训内容							
自己评语							
老师评语							

（2）组长实训报告如表5-5所示。

表5-5 组长实训报告表

姓名		班级		分组		日期	
实训项目							
实训内容							
	第　　组						
姓名：		姓名：		姓名：		姓名：	
是否串岗（　　）		是否串岗（　　）		是否串岗（　　）		是否串岗（　　）	
是否完成项目（　　）		是否完成项目（　　）		是否完成项目（　　）		是否完成项目（　　）	
评价：优、良、差		评价：优、良、差		评价：优、良、差		评价：优、良、差	
自己评语							
老师评语							

（3）班长实训报告如表5-6所示。

表5-6　班长实训报告表

姓名		班级		分组		日期	
实训项目							
实训内容							
第一组		第二组		第三组		第四组	
是否串岗（　　　）		是否串岗（　　　）		是否串岗（　　　）		是否串岗（　　）	
是否完成项目（　　　）		是否完成项目（　　　）		是否完成项目（　　　）		是否完成项目（　　　）	
评价：优、良、差		评价：优、良、差		评价：优、良、差		评价：优、良、差	
自己评语							
老师评语							

项目六　节气门的清洗与拆装

一、实训目的

（1）让学生了解发动机节气门的清洗与拆装注意事项。
（2）让学生掌握发动机节气门的清洗与拆装方法。
（3）锻炼学生的团队协作和动手能力。

二、实训前准备

此次实训所需主要设备与工具分别为十字螺钉旋具、毛巾、抹布、气枪等。

三、老师讲解示范

（1）工具的使用方法。
（2）操作注意事项。

四、实训管理

（1）学生分组：每组 4~5 人，先让学生自己分组，选出 1 名组长并记录名字，然后视情况进行适当调整，如表 6-1 所示。

表 6-1　学生分组表

第一组	第二组	第三组	第四组
组长：	组长：	组长：	组长：
成员：	成员：	成员：	成员：

（2）学生组长：协调成员，规范学生操作（见表 6-2）并收集遇到的问题。

表6-2　学生规范操作表（一）

第__组			
姓名：	姓名：	姓名：	姓名：
是否串岗（　　）	是否串岗（　　）	是否串岗（　　）	是否串岗（　　）
是否完成项目（　　）	是否完成项目（　　）	是否完成项目（　　）	是否完成项目（　　）
评价：优、良、差	评价：优、良、差	评价：优、良、差	评价：优、良、差

（3）老师指导：对操作现场进行安全检查，并提醒学生注意安全，规范学生操作（见表6-3）解决并收集学生遇到的问题，指导班长协助管理。

表6-3　学生规范操作表（二）

班长：

第一组组长	第二组组长	第三组组长	第四组组长
是否串岗（　　）	是否串岗（　　）	是否串岗（　　）	是否串岗（　　）
是否协调成员（　　）	是否协调成员（　　）	是否协调成员（　　）	是否协调成员（　　）
评价：优、良、差	评价：优、良、差	评价：优、良、差	评价：优、良、差

五、实训操作

下面以科鲁兹轿车为例，讲解节气门的清洗与拆装过程。

（1）施工前准备工作。

①停放好车辆并拉紧驻车制动器，如图3-1和图3-2所示。

②开启发动机前盖开关，如图3-6和图3-7所示。

③准备维修实训作业相关的保护装置和实训工具及用品，如图3-8和图3-9所示。

（2）观察节气门总成布局结构，并确定拆解方案。

（3）拆下空气滤清器出气管，如图6-1所示。

（4）将接液盘置于下面。断开线束插头、曲轴箱强制通风管、节气门体加热器出口管和节气门体加热器进口管等相关连接部件。

（5）拆下4个节气门体螺栓，如图6-2所示。

图6-1　拆下空气滤清器出气管

图 6-2　拆下 4 个节气门体螺栓

（6）拆下节气门体并取出节气门体密封件。

（7）检查节气门体孔和节气门阀片是否有沉积物。必须打开节气门才能检查所有表面。

（8）使用一块干净抹布和合适的清洁剂清洁节气门体孔和节气门阀片。

（9）节气门体的安装基本按拆卸的相反顺序进行。

（10）安装完成后，执行节气门 / 怠速读入程序。

①将点火开关置于"ON（打开）"位置，关闭发动机，使用故障诊断仪，并执行"Module Setup（模块设置）"→"Idle Learn Reset（怠速读入复位）命令"。

②起动发动机，并监测"TB Idle Airflow Compensation（节气门怠速空气流量补偿）"参数。节气门怠速空气流补偿值应该等于 0%，发动机应该以一个正常的怠速速度怠速运转。

③清除故障诊断码，再次确定。

六、练习与思考

（1）发动机节气门过脏对汽车正常行驶有什么影响？

（2）在发动机节气门的清洗与拆装过程中应注意什么？

七、实训报告

（1）成员实训报告如表6-4所示。

表6-4　成员实训报告表

姓名		班级		分组		日期	
实训项目							
实训内容							
自己评语							
老师评语							

（2）组长实训报告如表6-5所示。

表6-5　组长实训报告表

姓名		班级		分组		日期	
实训项目							
实训内容							
第　　组							
姓名：		姓名：		姓名：		姓名：	
是否串岗（　　）		是否串岗（　　）		是否串岗（　　）		是否串岗（　　）	
是否完成项目（　　）		是否完成项目（　　）		是否完成项目（　　）		是否完成项目（　　）	
评价：优、良、差		评价：优、良、差		评价：优、良、差		评价：优、良、差	
自己评语							
老师评语							

（3）班长实训报告如表6-6所示。

表6-6 班长实训报告表

姓名		班级		分组		日期	
实训项目							
实训内容							
第一组		第二组		第三组		第四组	
是否串岗（ ）		是否串岗（ ）		是否串岗（ ）		是否串岗（ ）	
是否完成项目（ ）		是否完成项目（ ）		是否完成项目（ ）		是否完成项目（ ）	
评价：优、良、差		评价：优、良、差		评价：优、良、差		评价：优、良、差	
自己评语							
老师评语							

项目七 火花塞的检查与更换

 一、实训目的

（1）让学生了解火花塞的检查与更换注意事项。

（2）让学生掌握火花塞的检查与更换方法。

（3）锻炼学生的团队协作和动手能力。

 二、实训前准备

此次实训所需主要设备与工具分别为拆卸火花塞专用套筒扳手、十字螺钉旋具、毛巾、抹布等。

 三、老师讲解示范

（1）工具的使用方法。

（2）操作注意事项。

四、实训管理

（1）学生分组：每组 4~5 人，先让学生自己分组，选出 1 名组长并记录名字，然后视情况进行适当调整，如表 7-1 所示。

表 7-1　学生分组表

第一组	第二组	第三组	第四组
组长：	组长：	组长：	组长：
成员：	成员：	成员：	成员：

（2）学生组长：协调成员，规范学生操作（见表 7-2）并收集遇到的问题。

表 7-2　学生规范操作表（一）

第　　　组			
姓名：	姓名：	姓名：	姓名：
是否串岗（　　　）	是否串岗（　　　）	是否串岗（　　　）	是否串岗（　　　）
是否完成项目（　　　）	是否完成项目（　　　）	是否完成项目（　　　）	是否完成项目（　　　）
评价：优、良、差	评价：优、良、差	评价：优、良、差	评价：优、良、差

（3）老师指导：对操作现场进行安全检查，提醒学生注意安全，规范学生操作（见表 7-3）解决并收集学生遇到的问题，指导班长协助管理。

表 7-3　学生规范操作表（二）

班长：

第一组组长	第二组组长	第三组组长	第四组组长
是否串岗（　　　）	是否串岗（　　　）	是否串岗（　　　）	是否串岗（　　　）
是否协调成员（　　　）	是否协调成员（　　　）	是否协调成员（　　　）	是否协调成员（　　　）
评价：优、良、差	评价：优、良、差	评价：优、良、差	评价：优、良、差

五、实训操作

下面以科鲁兹轿车为例，讲解火花塞的检查与更换过程。

（1）施工前准备工作同项目五。

（2）观察点火线圈的总成结构，并确定拆解方案。

（3）将发动机线束导管从气缸盖上拆下。

（4）断开点火线圈插头，并沿端盖所标箭头方向拆下点火线圈盖，如图 7-1 所示。

（5）拆下 2 个点火线圈螺栓，取出点火线圈，如图 7-2 和图 7-3 所示。

（6）用专用套筒扳手取下火花塞，如图 7-4 所示。

图 7-1　拆下点火线圈盖

图 7-2　取出点火线圈

图7-3 取出点火线圈

图7-4 取下火花塞

（7）对火花塞进行检查。

①检查接线柱是否损坏、弯曲或断裂，同时通过拧动和拉动接线柱的方式，测试接线柱是否松动。

②检查绝缘体是否击穿或有炭痕、炭黑。检查是否存在如下状况：

● 检查火花塞套管是否损坏。

● 检查气缸盖的火花塞槽部位是否潮湿，如是否有机油、冷却液或水。

③检查绝缘体有无裂纹。

④检查是否有异常电弧放电的迹象。

● 测量中心电极和侧电极端子之间的间隙。电极间隙过大可能妨碍火花塞正常工作。

● 检查火花塞扭矩是否正确。扭矩不足可能妨碍火花塞正常工作。火花塞紧固扭矩过大会引起绝缘体开裂。

● 检查绝缘体尖端而不是中心电极附近是否有漏电迹象。

● 检查侧电极是否断裂或磨损。

● 通过摇动火花塞检查中心电极是否断裂、磨损或松动。

⑤如果听到喀啦声，则表示火花塞内部已损坏。

⑥中心电极若松动会降低火花强度。

● 检查电极之间是否存在桥接、短接现象。电极上的积炭会减小甚至消除它们的间隙。

● 检查电极上的铂层是否磨损或缺失。

● 检查电极是否过于脏污。

● 检查气缸盖的火花塞槽部位是否有碎屑。脏污或损坏的螺纹可能导致火花塞在安装过程中不能正确就位。

六、练习与思考

（1）在火花塞的拆装过程中有哪些注意事项？

（2）怎么选择匹配的汽车火花塞？

 七、实训报告

（1）成员实训报告如表7-4所示。

表7-4　成员实训报告表

姓名		班级		分组		日期	
实训项目							
实训内容							
自己评语							
老师评语							

（2）组长实训报告如表7-5所示。

表7-5　组长实训报告表

姓名		班级		分组		日期	
实训项目							
实训内容							
第　　　组							
姓名:		姓名:		姓名:		姓名:	
是否串岗（　　　）		是否串岗（　　　）		是否串岗（　　　）		是否串岗（　　　）	
是否完成项目（　　　）		是否完成项目（　　　）		是否完成项目（　　　）		是否完成项目（　　　）	
评价: 优、良、差		评价: 优、良、差		评价: 优、良、差		评价: 优、良、差	
自己评语							
老师评语							

（3）班长实训报告如表 7-6 所示。

表 7-6　班长实训报告表

姓名		班级		分组		日期	
实训项目							
实训内容							

第一组	第二组	第三组	第四组
是否串岗（　　）	是否串岗（　　）	是否串岗（　　）	是否串岗（　　）
是否完成项目（　　）	是否完成项目（　　）	是否完成项目（　　）	是否完成项目（　　）
评价：优、良、差	评价：优、良、差	评价：优、良、差	评价：优、良、差

自己评语	
老师评语	

项目八 正时带的检查与调整

 一、实训目的

（1）让学生了解发动机正时带的拆装、检查与调整注意事项。

（2）让学生掌握发动机正时带的拆装、检查与调整方法。

（3）锻炼学生的团队协作和动手能力。

 二、实训前准备

此次实训所需主要设备与工具分别为套筒扳手、螺钉旋具、毛巾、抹布、气枪等。

 三、老师讲解示范

（1）工具的使用方法。

（2）操作注意事项。

 四、实训管理

（1）学生分组：每组4~5人，先让学生自己分组，选出1名组长并记录名字，然后视情况进行适当调整，如表8-1所示。

表 8-1　学生分组表

第一组	第二组	第三组	第四组
组长：	组长：	组长：	组长：
成员：	成员：	成员：	成员：

（2）学生组长：协调成员，规范学生操作（见表8-2）并收集遇到的问题。

表 8-2　学生规范操作表（一）

第　　组			
姓名：	姓名：	姓名：	姓名：
是否串岗（　　　）	是否串岗（　　　）	是否串岗（　　　）	是否串岗（　　　）
是否完成项目（　　）	是否完成项目（　　）	是否完成项目（　　）	是否完成项目（　　）
评价：优、良、差	评价：优、良、差	评价：优、良、差	评价：优、良、差

（3）老师指导：对操作现场进行安全检查，提醒学生注意安全，规范学生操作（见表 8-3）解决并收集学生遇到的问题，指导班长协助管理。

表 8-3　学生规范操作表（二）

班长：

第一组组长	第二组组长	第三组组长	第四组组长
是否串岗（　　　）	是否串岗（　　　）	是否串岗（　　　）	是否串岗（　　　）
是否协调成员（　　）	是否协调成员（　　）	是否协调成员（　　）	是否协调成员（　　）
评价：优、良、差	评价：优、良、差	评价：优、良、差	评价：优、良、差

五、实训操作

下面以科鲁兹轿车为例，讲解正时带的检查与调整过程。

（1）施工前准备工作同项目五。

（2）观查正时带的总体布置情况，并确定拆解方案。

（3）拆下正时带上前盖。拆下两个正时带前盖螺栓即可取出正时皮带上前盖，如图 8-1 所示。

图 8-1　拆下正时带上前盖

（4）将曲轴扭转减振器沿发动机旋转的方向设置到"第一个气缸的上止点"（图 8-2 中箭头位置）。

（5）将专用的链轮锁止工具（图 8-3 中标示"1"和"2"的位置）插入凸轮轴链轮中。注意：

图 8-3 中锁止工具上标示"1"和"2"部件上的标记和标示"3"的部位必须对齐。

图 8-2　旋转曲轴扭转减振器

图 8-3　将锁止工具插入凸轮轴链轮

（6）如图 8-4 所示，安装锁销并按图 8-4 所示箭头方向使用内六角扳手对正时带张紧轮施加张力。

图 8-4　安装锁销

（7）安装飞轮固定工具，如图 8-5 所示。

图 8-5　安装飞轮固定工具

（8）分别拆下曲轴扭转减振器螺栓，（图8-6中标示"4"）、曲轴扭转减振器垫圈（图8-6中标示"3"）、曲轴扭转减振器（图8-6中标示"2"）。

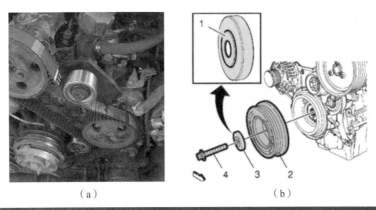

（a）　　　　　　　　　　（b）

图8-6　拆下曲轴扭转减振器螺栓

（9）拆下正时带下前盖，观察旋转方向，拆下正时带。

（10）安装按与拆卸相反的顺序进行。安装过程中注意相关标记的对齐和相关锁止工具的拆卸（见图8-7）。

图8-7　锁止工具的拆卸

 六、练习与思考

（1）正时带如果没有及时更换一旦断裂会引发什么后果？

（2）更换正时带为什么要对记号？

七、实训报告

（1）成员实训报告如表8-4所示。

表8-4　成员实训报告表

姓名		班级		分组		日期	
实训项目							
实训内容							
自己评语							
老师评语							

（2）组长实训报告如表8-5所示。

表8-5　组长实训报告表

姓名		班级		分组		日期	
实训项目							
实训内容							
第　　　组							
姓名：		姓名：		姓名：		姓名：	
是否串岗（　　　）		是否串岗（　　　）		是否串岗（　　　）		是否串岗（　　　）	
是否完成项目（　　　）		是否完成项目（　　　）		是否完成项目（　　　）		是否完成项目（　　　）	
评价：优、良、差		评价：优、良、差		评价：优、良、差		评价：优、良、差	
自己评语							
老师评语							

（3）班长实训报告如表8-6所示。

表8-6 班长实训报告表

姓名		班级		分组		日期	
实训项目							
实训内容							
第一组		第二组		第三组		第四组	
是否串岗（　　）		是否串岗（　　）		是否串岗（　　）		是否串岗（　　）	
是否完成项目（　　）		是否完成项目（　　）		是否完成项目（　　）		是否完成项目（　　）	
评价：优、良、差		评价：优、良、差		评价：优、良、差		评价：优、良、差	
自己评语							
老师评语							

项目九 燃油滤芯的更换

一、实训目的

（1）让学生了解汽车燃油滤芯的检查与更换注意事项。

（2）让学生掌握燃油滤芯的检查与更换方法。

（3）锻炼学生的团队协作和动手能力。

二、实训前准备

此次实训所需主要设备与工具分别为螺钉旋具、毛巾、抹布等。

三、老师讲解示范

（1）工具的使用方法。

（2）操作注意事项。

四、实训管理

（1）学生分组：每组 4~5 人，先让学生自己分组，选出 1 名组长并记录名字，然后视情况进行适当调整，如表 9-1 所示。

表 9-1　学生分组表

第一组	第二组	第三组	第四组
组长：	组长：	组长：	组长：
成员：	成员：	成员：	成员：

（2）学生组长：协调成员，规范学生操作（见表 9-2）并收集遇到的问题。

表 9-2　学生规范操作表（一）

第　　组			
姓名：	姓名：	姓名：	姓名：
是否串岗（　　）	是否串岗（　　）	是否串岗（　　）	是否串岗（　　）
是否完成项目（　　）	是否完成项目（　　）	是否完成项目（　　）	是否完成项目（　　）
评价：优、良、差	评价：优、良、差	评价：优、良、差	评价：优、良、差

（3）老师指导：对操作现场进行安全检查，提醒学生注意安全，规范学生操作（见表 9-3），解决并收集学生遇到的问题，指导班长协助管理。

表 9-3　学生规范操作表（二）

班长：

第一组组长	第二组组长	第三组组长	第四组组长
是否串岗（　　）	是否串岗（　　）	是否串岗（　　）	是否串岗（　　）
是否协调成员（　　）	是否协调成员（　　）	是否协调成员（　　）	是否协调成员（　　）
评价：优、良、差	评价：优、良、差	评价：优、良、差	评价：优、良、差

 五、实训操作

下面以科鲁兹轿车为例，讲解燃油滤芯的更换过程。

（1）施工前准备工作同项目三。

（2）断开蓄电池负极电缆并将车辆举升至适当高度。

（3）从燃油滤清器上拆下回油管和供油管，如图 9-1 所示。

（4）用螺塞闭合燃油通风口，转动燃油滤清器直到卡夹从边缘完全松开并取出燃油滤清器，如图 9-2 所示。

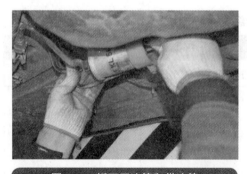

图 9-1　拆下回油管和供油管

图 9-2　取出燃油滤清器

（5）安装按与拆卸相反的顺序进行。注意确保蓄电池负极电缆安装牢靠。

（6）整理和清洁施工现场和车辆。

六、练习与思考

（1）更换燃油滤芯的时候应该注意什么？

（2）如何区分燃油滤清器的进油口和回油口？

 七、实训报告

（1）成员实训报告如表9-4所示。

表 9-4　成员实训报告表

姓名		班级		分组		日期	
实训项目							
实训内容							
自己评语							
老师评语							

（2）组长实训报告如表9-5所示。

表9-5　组长实训报告表

姓名		班级		分组		日期	
实训项目							
实训内容							

第　　　组			
姓名：	姓名：	姓名：	姓名：
是否串岗（　　）	是否串岗（　　）	是否串岗（　　）	是否串岗（　　）
是否完成项目（　　）	是否完成项目（　　）	是否完成项目（　　）	是否完成项目（　　）
评价：优、良、差	评价：优、良、差	评价：优、良、差	评价：优、良、差

自己评语	
老师评语	

（3）班长实训报告如表9-6所示。

表 9-6　班长实训报告表

姓名		班级		分组		日期	
实训项目							
实训内容							
第一组		第二组		第三组		第四组	
是否串岗（　　）		是否串岗（　　）		是否串岗（　　）		是否串岗（　　）	
是否完成项目（　　）		是否完成项目（　　）		是否完成项目（　　）		是否完成项目（　　）	
评价：优、良、差		评价：优、良、差		评价：优、良、差		评价：优、良、差	
自己评语							
老师评语							

项目十 喷油器的拆卸与清洗

一、实训目的

（1）让学生深刻理解喷油嘴的结构和工作原理。

（2）让学生学会排查喷油嘴的故障和对其进行拆卸及清洗。

（3）培养学生的团队协作和动手能力。

二、实训前准备

此次实训所需主要设备与工具分别为喷油器清洗仪、CH-807封闭螺塞、EN-6015封闭螺塞、十字螺钉旋具、扳手、套筒、抹布、清洗剂等。

三、老师讲解示范

（1）工具的使用方法。

（2）操作注意事项。

四、实训管理

（1）学生分组：每组4~5人，先让学生自己分组，选出1名组长并记录名字，然后视情况进行适当调整，如表10-1所示。

表 10-1　学生分组表

第一组	第二组	第三组	第四组
组长：	组长：	组长：	组长：
成员：	成员：	成员：	成员：

（2）学生组长：协调成员，规范学生操作（见表10-2）并收集遇到的问题。

表 10-2 学生规范操作表（一）

第 组			
姓名：	姓名：	姓名：	姓名：
是否串岗（ ）	是否串岗（ ）	是否串岗（ ）	是否串岗（ ）
是否完成项目（ ）	是否完成项目（ ）	是否完成项目（ ）	是否完成项目（ ）
评价：优、良、差	评价：优、良、差	评价：优、良、差	评价：优、良、差

（3）老师指导：对操作现场进行安全检查，提醒学生注意安全，规范学生操作（见表 10-3）解决并收集学生遇到的问题，指导班长协助管理。

表 10-3 学生规范操作表（二）

班长：

第一组组长	第二组组长	第三组组长	第四组组长
是否串岗（ ）	是否串岗（ ）	是否串岗（ ）	是否串岗（ ）
是否协调成员（ ）	是否协调成员（ ）	是否协调成员（ ）	是否协调成员（ ）
评价：优、良、差	评价：优、良、差	评价：优、良、差	评价：优、良、差

 五、实训操作

下面以科鲁兹轿车为例，讲解喷油器的拆卸与清洗过程。

（1）施工前准备工作同项目五。

（2）观察喷油器的总成结构，并确定拆解方案。

（3）断开蓄电池负极电缆。

（4）拆下曲轴箱强制（正压）通风管，如图 10-1 所示。

（5）断开相关阻碍连接部件的线束和部件。

（6）准备一个接液盘和连接专用量表释放燃油压力。

（7）拆下喷油嘴卡槽，取下喷油嘴，如图 10-2 所示。

（8）拆下喷油器固定件，拆下喷油器。把 4 个喷油器移到喷油器清洗仪清洗干净。

（9）安装按拆卸相反的顺序进行。注意，安装新的喷油器密封件时，用硅基润滑脂涂抹多点燃油喷射器密封件，并确定各部件按规定的扭力紧固。

图 10-1 拆下曲轴箱强制通风管

图 10-2 拆下多点燃油喷射燃油导轨

 六、练习与思考

（1）在什么情况下必须清洗喷油嘴？

（2）如何清洗喷油嘴？

 七、实训报告

（1）成员实训报告如表10-4所示。

表10-4 成员实训报告表

姓名		班级		分组		日期	
实训项目							
实训内容							
自己评语							
老师评语							

（2）组长实训报告如表 10-5 所示。

表 10-5　组长实训报告表

姓名		班级		分组		日期	
实训项目							
实训内容							
			第　　　组				
姓名：		姓名：		姓名：		姓名：	
是否串岗（　　）		是否串岗（　　）		是否串岗（　　）		是否串岗（　　）	
是否完成项目（　　）		是否完成项目（　　）		是否完成项目（　　）		是否完成项目（　　）	
评价：优、良、差		评价：优、良、差		评价：优、良、差		评价：优、良、差	
自己评语							
老师评语							

（3）班长实训报告如表 10-6 所示。

表 10-6　班长实训报告表

姓名		班级		分组		日期	
实训项目							
实训内容							
第一组		第二组		第三组		第四组	
是否串岗（　　）		是否串岗（　　）		是否串岗（　　）		是否串岗（　　）	
是否完成项目（　　）		是否完成项目（　　）		是否完成项目（　　）		是否完成项目（　　）	
评价：优、良、差		评价：优、良、差		评价：优、良、差		评价：优、良、差	
自己评语							
老师评语							

项目十一　动力转向液的检查与更换

一、实训目的

（1）让学生了解动力转向液的检查与更换注意事项。

（2）让学生掌握动力转向液的检查与更换方法。

（3）锻炼学生的团队协作和动手能力。

二、实训前准备

此次实训所需主要设备与工具分别为扳手、毛巾、抹布、动力转向液等。

三、老师讲解示范

（1）工具的使用方法。

（2）操作注意事项。

四、实训管理

（1）学生分组：每组 4~5 人，先让学生自己分组，选出 1 名组长并记录名字，然后视情况进行适当调整，如表 11-1 所示。

表 11-1　学生分组表

第一组	第二组	第三组	第四组
组长：	组长：	组长：	组长：
成员：	成员：	成员：	成员：

（2）学生组长：协调成员，规范学生操作（见表 11-2）并收集遇到的问题。

表 11-2　学生规范操作表（一）

第　　组			
姓名：	姓名：	姓名：	姓名：
是否串岗（　　）	是否串岗（　　）	是否串岗（　　）	是否串岗（　　）
是否完成项目（　　）	是否完成项目（　　）	是否完成项目（　　）	是否完成项目（　　）
评价：优、良、差	评价：优、良、差	评价：优、良、差	评价：优、良、差

（3）老师指导：对操作现场进行安全检查，提醒学生注意安全，规范学生操作（见表11-3）解决并收集学生遇到的问题，指导班长协助管理。

表 11-3　学生规范操作表（二）

班长：

第一组组长	第二组组长	第三组组长	第四组组长
是否串岗（　　）	是否串岗（　　）	是否串岗（　　）	是否串岗（　　）
是否协调成员（　　）	是否协调成员（　　）	是否协调成员（　　）	是否协调成员（　　）
评价：优、良、差	评价：优、良、差	评价：优、良、差	评价：优、良、差

五、实训操作

下面以科鲁兹轿车为例，讲解动力转向液的检查与更换过程。

（1）施工前准备工作同项目三。

（2）检查并添加动力转向液，清洁储液罐盖周边区域并拆下储液罐盖，根据需要添加油液。

（3）油液预热，运行发动机直到油液温度达到80℃。

（4）关闭发动机，拆下储液罐盖。检查转向液罐盖油尺上的液位。

（5）确保液位处于转向液罐盖油尺的"HOT/FULL/MAX（热态/充满/最大）"标记位置。如果液位偏低，添加动力转向液至合适液位。

（6）安装储液罐盖。

（7）在维修转向系统后检查液位时，要排出系统中的空气。排气步骤如下：

①用油液将泵储液罐加注至最小系统液位、冷态充满液位或储液罐盖油尺上液位指示器斜线标志的中间位置。

②如果装备液压助力装置，使用以下程序将液压助力储能器注满，起动发动机，用力踩下制

注　意

　　仅采用液压助力时，如果液压助力储能器油液没有完全注满，油位会错误地显示为高。关闭发动机时，不要踩下制动踏板，这将排空液压助力储能器。

动踏板10~15次，关闭发动机。

③举升车辆，直到前轮离开地面。将点火开关置于ON位置，关闭发动机，将转向盘在两个

极限位置之间来回转动 12 次。注意，如果车辆装备液压助力系统或更长的动力系统软管，则可能需要在两个极限位置之间来回转动 15~20 次。

④确认动力转向液液位符合工作规格。

⑤起动发动机，从左到右转动转向盘，检查是否存在气蚀或液体充气迹象（泵噪声/呜呜声）。

⑥检查液位。必要时，重复排气程序。

六、练习与思考

（1）更换动力转向液时应该注意什么？

（2）检修动力转向装置后应该怎样进行动力转向系统的排空？

七、实训报告

（1）成员实训报告如表 11-4 所示。

表 11-4　成员实训报告表

姓名		班级		分组		日期	
实训项目							
实训内容							
自己评语							
老师评语							

（2）组长实训报告如表 11-5 所示。

表 11-5　组长实训报告表

姓名		班级		分组		日期	
实训项目							
实训内容							
第　　组							
姓名：		姓名：		姓名：		姓名：	
是否串岗（　　）		是否串岗（　　）		是否串岗（　　）		是否串岗（　　）	
是否完成项目（　　）		是否完成项目（　　）		是否完成项目（　　）		是否完成项目（　　）	
评价：优、良、差		评价：优、良、差		评价：优、良、差		评价：优、良、差	
自己评语							
老师评语							

（3）班长实训报告如表 11-6 所示。

表 11-6　班长实训报告表

姓名		班级		分组		日期	
实训项目							
实训内容							
	第一组		第二组		第三组		第四组
	是否串岗（　　　）		是否串岗（　　　）		是否串岗（　　　）		是否串岗（　　　）
	是否完成项目（　　　）		是否完成项目（　　　）		是否完成项目（　　　）		是否完成项目（　　　）
	评价：优、良、差		评价：优、良、差		评价：优、良、差		评价：优、良、差
自己评语							
老师评语							

项目十二　自动变速器油的检查与更换

一、实训目的

（1）让学生了解自动变速器油的检查与更换注意事项。

（2）让学生掌握自动变速器油的检查与更换方法。

（3）锻炼学生的团队协作和动手能力。

二、实训前准备

此次实训所需主要设备与工具分别为十字螺钉旋具、毛巾、抹布、气枪。

三、老师讲解示范

（1）工具的使用方法。

（2）操作注意事项。

四、实训管理

（1）学生分组：每组 4~5 人，先让学生自己分组，选出 1 名组长并记录名字，然后视情况进行适当调整，如表 12-1 所示。

表 12-1　学生分组表

第一组	第二组	第三组	第四组
组长：	组长：	组长：	组长：
成员：	成员：	成员：	成员：

（2）学生组长：协调成员，规范学生操作（见表 12-2）并收集遇到的问题。

表 12-2　学生规范操作表（一）

第　组			
姓名：	姓名：	姓名：	姓名：
是否串岗（　　）	是否串岗（　　）	是否串岗（　　）	是否串岗（　　）
是否完成项目（　　）	是否完成项目（　　）	是否完成项目（　　）	是否完成项目（　　）
评价：优、良、差	评价：优、良、差	评价：优、良、差	评价：优、良、差

（3）老师指导：对操作现场进行安全检查，提醒学生注意安全，规范学生操作（见表 12-3）解决并收集学生遇到的问题，指导班长协助管理。

表 12-3　学生规范操作表（二）

班长：

第一组组长	第二组组长	第三组组长	第四组组长
是否串岗（　　）	是否串岗（　　）	是否串岗（　　）	是否串岗（　　）
是否协调成员（　　）	是否协调成员（　　）	是否协调成员（　　）	是否协调成员（　　）
评价：优、良、差	评价：优、良、差	评价：优、良、差	评价：优、良、差

 五、实训操作

下面以科鲁兹轿车为例，讲解自动变速器油的更换与检查过程。

（1）施工前准备工作同项目三。

（2）拆下发动机防护板，如图 12-1 所示。

（3）拆下自动变速器放油螺栓，将变速器油排入合适的容器。

（4）在 10 min 内将变速器油排放干净，检查变速器油量，如图 12-2 所示。

（5）检查收集的变速器油中是否有燃烧的油残留物、金属碎屑和其他异物。如果发现以上情况，则查找原因。

图 12-1　拆下发动机防护板

图 12-2　检查变速器油量

（6）安装放油螺塞并紧固。

（7）加注油的时候先降下车辆。拆下变速器通风软管和加注口盖并添加适量的变速器油，如图 12-3 所示。

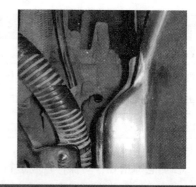

（8）添加完变速器油后安装加注口盖和变速器通风软管，并准备检查变速器液位。

（9）检查变速器的液位时，按以下步骤进行。

①先起动发动机，然后踩下制动踏板并将变速杆挂到每个挡位，且在每个挡位停顿 3 s，最后将变速杆挂回驻车挡（P）。

图 12-3　拆下变速器通风软管与加注口盖

②保持发动机运转，通过驾驶员信息中心或者故障诊断仪观察变速器油温度（TFT）。

③车辆怠速运行时，拆下油位螺塞。允许任何油液排放至接油盘。

④如果油液稳定地流出，则等待直到油液开始滴落，然后停止发动机，加注完成。

⑤如果没有油液流出，则降下车辆，重复前面的加注方法直至油从油位孔塞中流出。

（10）加注完成后安装好其他拆下的附件并做好清洁工作。

 六、练习与思考

（1）更换变速器油应该注意什么？

（2）怎么判断变速器油加注是否达到规定值？

七、实训报告

（1）成员实训报告如表 12-4 所示。

表 12-4　成员实训报告表

姓名		班级		分组		日期	
实训项目							
实训内容							
自己评语							
老师评语							

（2）组长实训报告如表12-5所示。

表 12-5　组长实训报告表

姓名		班级		分组		日期	
实训项目							
实训内容							

第　　　组			
姓名：	姓名：	姓名：	姓名：
是否串岗（　　　）	是否串岗（　　　）	是否串岗（　　　）	是否串岗（　　　）
是否完成项目（　　　）	是否完成项目（　　　）	是否完成项目（　　　）	是否完成项目（　　　）
评价：优、良、差	评价：优、良、差	评价：优、良、差	评价：优、良、差

自己评语	
老师评语	

（3）班长实训报告如表 12-6 所示。

表 12-6　班长实训报告表

姓名		班级		分组		日期	
实训项目							
实训内容							
第一组		第二组		第三组		第四组	
是否串岗（　　）		是否串岗（　　）		是否串岗（　　）		是否串岗（　　）	
是否完成项目（　　）		是否完成项目（　　）		是否完成项目（　　）		是否完成项目（　　）	
评价：优、良、差		评价：优、良、差		评价：优、良、差		评价：优、良、差	
自己评语							
老师评语							

项目十三　手动变速器油的检查与更换

一、实训目的

（1）让学生了解手动变速器油的检查与更换注意事项。

（2）让学生掌握手动变速器油的检查与更换方法。

（3）锻炼学生的团队协作和动手能力。

二、实训前准备

此次实训所需主要设备与工具分别为举升机、废弃变速油盛装容器、扳手、毛巾、抹布等。

三、老师讲解示范

（1）工具的使用方法。

（2）操作注意事项。

四、实训管理

（1）学生分组：每组 4~5 人，先让学生自己分组，选出 1 名组长并记录名字，然后视情况进行适当调整，如表 13-1 所示。

表 13-1 学生分组表

第一组	第二组	第三组	第四组
组长：	组长：	组长：	组长：
成员：	成员：	成员：	成员：

（2）学生组长：协调成员，规范学生操作（见表 13-2）并收集遇到的问题。

表 13-2 学生规范操作表（一）

第 组			
姓名：	姓名：	姓名：	姓名：
是否串岗（ ）	是否串岗（ ）	是否串岗（ ）	是否串岗（ ）
是否完成项目（ ）	是否完成项目（ ）	是否完成项目（ ）	是否完成项目（ ）
评价：优、良、差	评价：优、良、差	评价：优、良、差	评价：优、良、差

（3）老师指导：对操作现场进行安全检查，提醒学生注意安全，规范学生操作（见表 13-3）解决并收集学生遇到的问题，指导班长协助管理。

表 13-3 学生规范操作表（二）

班长：

第一组组长	第二组组长	第三组组长	第四组组长
是否串岗（ ）	是否串岗（ ）	是否串岗（ ）	是否串岗（ ）
是否协调成员（ ）	是否协调成员（ ）	是否协调成员（ ）	是否协调成员（ ）
评价：优、良、差	评价：优、良、差	评价：优、良、差	评价：优、良、差

五、实训操作

下面以科鲁兹轿车为例，讲解手动变速器油的检查与更换过程。

（1）施工前准备工作同项目三。

（2）拆下发动机防护板，如图 13-1 所示。

（3）使用套筒工具拆卸变速器放油螺栓，排放变速器油，如图 13-2 所示。

（4）让变速器排放 10 min，待排放干净，检查变速器油量。

（5）检查收集的变速器油中是否有燃烧的油残留物、金属碎屑和其他异物。如果发现以上情况，则查找原因。

图 13-1　拆下发动机防护板

图 13-2　排放变速器油

（6）安装变速器放油螺栓及其他附件，添加变速器油液（见图 13-3），起动车辆 1 min，熄火观察变速器油液是否在规定位置，如果不在，应加至正确位置。

（7）清洁现场。

图 13-3　添加变速器油液

 六、练习与思考

（1）更换变速器油应该注意什么？

（2）怎么判断变速器油加注是否达到规定值？

七、实训报告

（1）成员实训报告如表 13-4 所示。

表 13-4　成员实训报告表

姓名		班级		分组		日期	
实训项目							
实训内容							
自己评语							
老师评语							

（2）组长实训报告如表 13-5 所示。

表 13-5　组长实训报告表

姓名		班级		分组		日期	
实训项目							
实训内容							
第　　　组							
姓名：		姓名：		姓名：		姓名：	
是否串岗（　　）		是否串岗（　　）		是否串岗（　　）		是否串岗（　　）	
是否完成项目（　　）		是否完成项目（　　）		是否完成项目（　　）		是否完成项目（　　）	
评价：优、良、差		评价：优、良、差		评价：优、良、差		评价：优、良、差	
自己评语							
老师评语							

（3）班长实训报告如表 13-6 所示。

表 13-6　班长实训报告表

姓名		班级		分组		日期	
实训项目							
实训内容							

第一组	第二组	第三组	第四组
是否串岗（　　　）	是否串岗（　　　）	是否串岗（　　　）	是否串岗（　　　）
是否完成项目（　　　）	是否完成项目（　　　）	是否完成项目（　　　）	是否完成项目（　　　）
评价：优、良、差	评价：优、良、差	评价：优、良、差	评价：优、良、差

自己评语	
老师评语	

项目十四 离合器的检查与调整

一、实训目的

（1）让学生了解汽车离合器的检查与调整注意事项。
（2）让学生掌握汽车离合器的检查与调整方法。
（3）锻炼学生的团队协作和动手能力。

二、实训前准备

此次实训所需主要设备与工具分别为十字螺钉旋具、毛巾、抹布、气枪。

三、老师讲解示范

（1）工具的使用方法。
（2）操作注意事项。

四、实训管理

（1）学生分组：每组 4~5 人，先让学生自己分组，选出 1 名组长并记录名字，然后视情况进行适当调整，如表 14-1 所示。

表 14-1　学生分组表

第一组	第二组	第三组	第四组
组长：	组长：	组长：	组长：
成员：	成员：	成员：	成员：

（2）学生组长：协调成员，规范学生操作（见表 14-2）并收集遇到的问题。

表 14-2　学生规范操作表（一）

第　　组			
姓名：	姓名：	姓名：	姓名：
是否串岗（　　　）	是否串岗（　　　）	是否串岗（　　　）	是否串岗（　　　）
是否完成项目（　　　）	是否完成项目（　　　）	是否完成项目（　　　）	是否完成项目（　　　）
评价：优、良、差	评价：优、良、差	评价：优、良、差	评价：优、良、差

（3）老师指导：对操作现场进行安全检查，提醒学生注意安全，规范学生操作（见表 14-3）解决并收集学生遇到的问题，指导班长协助管理。

表 14-3　学生规范操作表（二）

班长：

第一组组长	第二组组长	第三组组长	第四组组长
是否串岗（　　　）	是否串岗（　　　）	是否串岗（　　　）	是否串岗（　　　）
是否协调成员（　　　）	是否协调成员（　　　）	是否协调成员（　　　）	是否协调成员（　　　）
评价：优、良、差	评价：优、良、差	评价：优、良、差	评价：优、良、差

五、实训操作

下面以科鲁兹轿车为例，讲解离合器的检查与调整过程。

（1）施工前准备工作。

①停放好车辆并拉紧驻车制动器，如图 3-1 和图 3-2 所示。

②先了解汽车的重心位置，调整举升机上的托臂，使支承垫支承到汽车的推荐举升点上，如图 3-3 所示。

③举升车辆少许，检查并确认支承垫是否支承到汽车的推荐举升点上，如图 3-5 所示。

（2）打开前盖，检查离合器液压总泵、分泵及管路是否有渗漏或明显缺陷。

（3）检查离合器储油杯中的制动液是否足够。

（4）排净液压管路中空气，排除方法如下：

①取下离合器分泵后部放气塞上的防尘帽，将放气塞旋松，并插上一根透明塑料管，将另一端插入装有制动液的容器中。

②反复踏下离合器踏板，使储油杯中的制动液由总泵泵入管路和分泵中，将管路中的气体从放气塞中排出。

③在排气过程中，当储油杯中的制动液减少时，应及时补足。

④当反复踏下离合器踏板，从容器的管端排出的都是制动液而无气泡时，将放气塞旋紧，拔掉塑料管，套上防尘帽。

（5）调整总泵活塞与推杆端部的间隙。

松开推杆紧固螺母，转动偏心螺钉，使推杆端部碰到活塞或有 0.65mm 以下的间隙，然后拧紧推杆紧固螺母。

六、练习与思考

（1）离合器油变质对汽车正常行驶有什么影响？

（2）检查离合器时主要检查离合器的哪几部分？

 七、实训报告

（1）成员实训报告如表 14-4 所示。

表 14-4　成员实训报告表

姓名		班级		分组		日期	
实训项目							
实训内容							
自己评语							
老师评语							

（2）组长实训报告如表 14-5 所示。

表 14-5　组长实训报告表

姓名		班级		分组		日期	
实训项目							
实训内容							
第　　　组							
姓名：		姓名：		姓名：		姓名：	
是否串岗（　　）		是否串岗（　　）		是否串岗（　　）		是否串岗（　　）	
是否完成项目（　　）		是否完成项目（　　）		是否完成项目（　　）		是否完成项目（　　）	
评价：优、良、差		评价：优、良、差		评价：优、良、差		评价：优、良、差	
自己评语							
老师评语							

（3）班长实训报告如表14-6所示。

表14-6　班长实训报告表

姓名		班级		分组		日期	
实训项目							
实训内容							
第一组		第二组		第三组		第四组	
是否串岗（　　）		是否串岗（　　）		是否串岗（　　）		是否串岗（　　）	
是否完成项目（　　）		是否完成项目（　　）		是否完成项目（　　）		是否完成项目（　　）	
评价：优、良、差		评价：优、良、差		评价：优、良、差		评价：优、良、差	
自己评语							
老师评语							

项目十五 制动液的检查与加注

一、实训目的

（1）让学生了解汽车制动液的检查与加注注意事项。

（2）让学生掌握汽车制动液的检查与加注方法。

（3）锻炼学生的团队协作和动手能力。

二、实训前准备

此次实训所需主要设备与工具分别为十字螺钉旋具、毛巾、抹布、气枪。

三、老师讲解示范

（1）工具的使用方法。

（2）操作注意事项。

四、实训管理

（1）学生分组：每组 4~5 人，先让学生自己分组，选出 1 名组长并记录名字，然后视情况进行适当调整，如表 15-1 所示。

表 15-1　学生分组表

第一组	第二组	第三组	第四组
组长：	组长：	组长：	组长：
成员：	成员：	成员：	成员：

（2）学生组长：协调成员，规范学生操作（见表15-2）并收集遇到的问题。

表15-2　学生规范操作表（一）

第　　　组			
姓名：	姓名：	姓名：	姓名：
是否串岗（　　　）	是否串岗（　　　）	是否串岗（　　　）	是否串岗（　　　）
是否完成项目（　　　）	是否完成项目（　　　）	是否完成项目（　　　）	是否完成项目（　　　）
评价：优、良、差	评价：优、良、差	评价：优、良、差	评价：优、良、差

（3）老师指导：对操作现场进行安全检查，提醒学生注意安全，规范学生操作（见表15-3）解决并收集学生遇到的问题，指导班长协助管理。

表15-3　学生规范操作表（二）

班长：

第一组组长	第二组组长	第三组组长	第四组组长
是否串岗（　　　）	是否串岗（　　　）	是否串岗（　　　）	是否串岗（　　　）
是否协调成员（　　　）	是否协调成员（　　　）	是否协调成员（　　　）	是否协调成员（　　　）
评价：优、良、差	评价：优、良、差	评价：优、良、差	评价：优、良、差

 五、实训操作

下面以科鲁兹轿车为例，讲解制动液的检查及加注过程。

（1）施工前准备工作同项目三。

（2）拧下制动液罐盖，加满制动液，如图15-1所示。注意，勿将制动液滴在车身上，如漆面沾上制动液应立即清洗干净，以免腐蚀油漆。

（3）从来自总泵的供液管开始，按以总泵为中心由远及近的顺序对各车轮分泵放气。

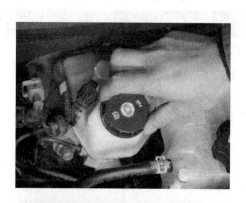

图 15-1　拧下制动液罐盖并加满制动液

（4）在制动分泵放气孔上插上软管，将另一端插入容器中，如图 15-2 和图 15-3 所示。

（5）一名操作者在车上踩若干次制动踏板。在踩住制动踏板的情况下，另一名操作者拧松放气螺塞，直到流出制动液时再拧紧，然后松开制动踏板。

（6）重复步骤（5）进行，直到放气孔中无气泡流出，按规定扭矩（17N·m）拧紧放气螺塞。

图 15-2　在制动分泵放气孔上插上软管

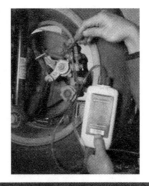

图 15-3　将另一端插入容器中

六、练习与思考

（1）新添加制动液为什么要排空？

（2）在排制动液时需要注意什么？

七、实训报告

（1）成员实训报告如表 15-4 所示。

表 15-4　成员实训报告表

姓名		班级		分组		日期	
实训项目							
实训内容							
自己评语							
老师评语							

（2）组长实训报告如表 15-5 所示。

表 15-5　组长实训报告表

姓名		班级		分组		日期	
实训项目							
实训内容							
			第　　　组				
姓名：		姓名：		姓名：		姓名：	
是否串岗（　　　）		是否串岗（　　　）		是否串岗（　　　）		是否串岗（　　　）	
是否完成项目（　　）		是否完成项目（　　）		是否完成项目（　　）		是否完成项目（　　）	
评价：优、良、差		评价：优、良、差		评价：优、良、差		评价：优、良、差	
自己评语							
老师评语							

（3）班长实训报告如表 15-6 所示。

表 15-6　班长实训报告表

姓名		班级		分组		日期	
实训项目							
实训内容							
第一组		第二组		第三组		第四组	
是否串岗（　　）		是否串岗（　　）		是否串岗（　　）		是否串岗（　　）	
是否完成项目（　　）		是否完成项目（　　）		是否完成项目（　　）		是否完成项目（　　）	
评价：优、良、差		评价：优、良、差		评价：优、良、差		评价：优、良、差	
自己评语							
老师评语							

项目十六 制动踏板自由行程的检查与调整

一、实训目的

（1）让学生了解制动踏板自由行程的检查与调整注意事项。

（2）让学生掌握制动踏板自由行程的检查与调整方法。

（3）锻炼学生的团队协作和动手能力。

二、实训前准备

此次实训所需主要设备与工具分别为套筒扳手、测量尺、毛巾、抹布、气枪。

三、老师讲解示范

（1）工具的使用方法。

（2）操作注意事项。

四、实训管理

（1）学生分组：每组 4~5 人，先让学生自己分组，选出 1 名组长并记录名字，然后视情况进行适当调整，如表 16-1 所示。

表 16-1　学生分组表

第一组	第二组	第三组	第四组
组长：	组长：	组长：	组长：
成员：	成员：	成员：	成员：

（2）学生组长：协调成员，规范学生操作（见表 16-2）并收集遇到的问题。

表 16-2　学生规范操作表

第　　　组			
姓名：	姓名：	姓名：	姓名：
是否串岗（　　　）	是否串岗（　　　）	是否串岗（　　　）	是否串岗（　　　）
是否完成项目（　　　）	是否完成项目（　　　）	是否完成项目（　　　）	是否完成项目（　　　）
评价：优、良、差	评价：优、良、差	评价：优、良、差	评价：优、良、差

（3）老师指导：对操作现场进行安全检查，提醒学生注意安全，规范学生操作（见表 16-3）解决并收集学生遇到的问题，指导班长协助管理。

表 16-3　学生规范操作表

班长：

第一组组长	第二组组长	第三组组长	第四组组长
是否串岗（　　　）	是否串岗（　　　）	是否串岗（　　　）	是否串岗（　　　）
是否协调成员（　　　）	是否协调成员（　　　）	是否协调成员（　　　）	是否协调成员（　　　）
评价：优、良、差	评价：优、良、差	评价：优、良、差	评价：优、良、差

 五、实训操作

（1）施工前准备工作同项目五。

（2）将点火开关置于 OFF 位置且使制动器处于冷态，踩制动器 3~5 次，或直到制动踏板变得坚实为止，以耗尽制动助力器后备电源。

（3）将专用测量仪表安装至制动踏板上。测量并记录制动踏板至转向盘轮缘的距离 l_1，如图 16-1 所示。

（4）根据专用测量仪表的指示，在制动踏板上施加并保持 445N 的制动作用力。

（5）在制动踏板上保持 445N 的作用力的同时，测量并记录从制动踏板上相同点到转向盘轮缘上相同点间的距离 l_2，如图 16-1 所示。

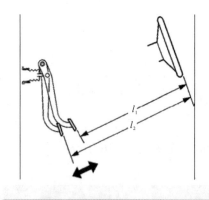

图 16-1　测量仪表安装至制动踏板上

（6）松开制动器，并重复步骤 3 和 4，以获得第二个测量值。在获得第二个测量值后，转至步骤 6。

（7）计算两次施加制动器时记录的两个测量值的平均值。

（8）从施加制动时的平均测量值中减去未施加制动时的初始测量值，以获得制动踏板的行程距离。

（9）如果制动踏板最大行程（点火开关置于 OFF 位置、制动助力器后备电源耗尽并且制动器处于冷态的情况下测量）小于规定值，应检查制动系统油位、泄漏和密封情况、制动蹄磨损程度等。检修完，再次测量制动踏板的最大行程，直至符合规定要求为止。

六、练习与思考

简述制动踏板自由行程的检查与调整方法。

 七、实训报告

（1）成员实训报告如表 16-4 所示。

表 16-4　成员实训报告表

姓名		班级		分组		日期	
实训项目							
实训内容							
自己评语							
老师评语							

（2）组长实训报告如表16-5所示。

表16-5　组长实训报告表

姓名		班级		分组		日期	
实训项目							
实训内容							
第　　　　组							
姓名：		姓名：		姓名：		姓名：	
是否串岗（　　　）		是否串岗（　　　）		是否串岗（　　　）		是否串岗（　　　）	
是否完成项目（　　　）		是否完成项目（　　　）		是否完成项目（　　　）		是否完成项目（　　　）	
评价：优、良、差		评价：优、良、差		评价：优、良、差		评价：优、良、差	
自己评语							
老师评语							

（3）班长实训报告如表16-6所示。

表 16-6　班长实训报告表

姓名		班级		分组		日期	
实训项目							
实训内容							

第一组	第二组	第三组	第四组
是否串岗（　　　）	是否串岗（　　　）	是否串岗（　　　）	是否串岗（　　　）
是否完成项目（　　　）	是否完成项目（　　　）	是否完成项目（　　　）	是否完成项目（　　　）
评价：优、良、差	评价：优、良、差	评价：优、良、差	评价：优、良、差
自己评语			
老师评语			

项目十七 轮胎的检查与调换

一、实训目的

（1）让学生了解汽车轮胎的检查与调换注意事项。

（2）让学生掌握汽车轮胎的检查与调换方法。

（3）锻炼学生的团队协作和动手能力。

二、实训前准备

此次实训所需主要设备与工具分别为举升机、扳手、螺钉旋具、毛巾、抹布。

三、老师讲解示范

（1）工具的使用方法。

（2）操作注意事项。

四、实训管理

（1）学生分组：每组 4~5 人，先让学生自己分组，选出 1 名组长并记录名字，然后视情况进行适当调整，如表 17-1 所示。

表 17-1　学生分组表

第一组	第二组	第三组	第四组
组长：	组长：	组长：	组长：
成员：	成员：	成员：	成员：

（2）学生组长：协调成员，规范学生操作（见表 17-2）并收集遇到的问题。

表 17-2　学生规范操作表（一）

第__组			
姓名：	姓名：	姓名：	姓名：
是否串岗（　）	是否串岗（　）	是否串岗（　）	是否串岗（　）
是否完成项目（　）	是否完成项目（　）	是否完成项目（　）	是否完成项目（　）
评价：优、良、差	评价：优、良、差	评价：优、良、差	评价：优、良、差

（3）老师指导：对操作现场进行安全检查，提醒学生注意安全，规范学生操作（见表17-3）解决并收集学生遇到的问题，指导班长协助管理。

表 17-3　学生规范操作表（二）

班长：

第一组组长	第二组组长	第三组组长	第四组组长
是否串岗（　）	是否串岗（　）	是否串岗（　）	是否串岗（　）
是否协调成员（　）	是否协调成员（　）	是否协调成员（　）	是否协调成员（　）
评价：优、良、差	评价：优、良、差	评价：优、良、差	评价：优、良、差

 五、实训操作

下面以科鲁兹轿车为例，讲解轮胎的检查与调换过程。

（1）施工前准备工作。

①停放好车辆并拉紧驻车制动器。

②先了解汽车的重心位置，调整举升机上的托臂，使支承垫支承到汽车的推荐举升点上。

③举升车辆少许，检查并确认支承垫是否支承到汽车的推荐举升点上。

（2）在没有完全举升车辆，车轮还在承载车辆质量的时候拧松轮胎螺母，如图17-1所示。举升车辆，使轮胎稍离地面并拆下轮胎螺母，如图17-2所示。

（3）由于车轮和轮毂/轴之间所用材料不同或者安装太紧，车轮可能难以拆下。可以用橡胶锤轻轻地敲打轮胎侧面来拆下车轮，如图17-3所示。强行拆卸车轮可能会导致车轮损坏。

图 17-1　拧松轮胎螺母

图 17-2　拆下轮胎螺母

（4）检查拆下的车轮并观察其磨损情况及是否有扎钉，如图17-4所示。如果有磨损不正常等异常现象，则应对轮胎进行平衡和定位。

图17-3　敲打轮胎侧面来拆下车轮

图17-4　检查拆下的车轮并观察有无磨损

（5）安装轮胎和车轮总成。将车轮定位标记对准轮毂并用手先带上螺母以固定轮胎位置。

（6）降下车辆，按图17-5所示顺序将车轮螺母紧固至140 N·m，紧固后安装车轮中心盖。

（7）轮胎换位。轮胎换位可使胎面磨损均匀，能充分合理地使用轮胎，并延长轮胎的使用寿命。根据轮胎的不同特点，可采用不同的轮胎换位方法，如图17-6所示。

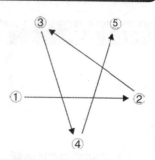

图17-5　紧固后安装车轮中心盖

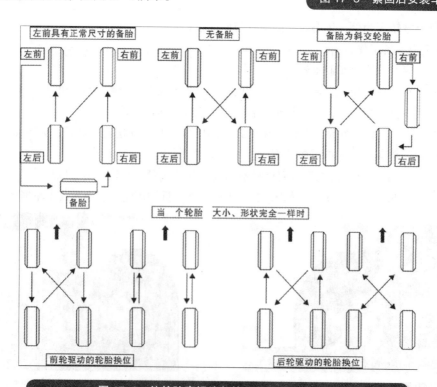

图17-6　使轮胎磨损均匀的几种轮胎换位方法

六、练习与思考

（1）怎么判断轮胎的磨损情况？

（2）怎么进行轮胎换位？

七、实训报告

（1）成员实训报告如表 17-4 所示。

表 17-4　成员实训报告表

姓名		班级		分组		日期	
实训项目							
实训内容							
自己评语							
老师评语							

（2）组长实训报告如表17-5所示。

表17-5　组长实训报告表

姓名		班级		分组		日期	
实训项目							
实训内容							
第　　组							
姓名：		姓名：		姓名：		姓名：	
是否串岗（　　）		是否串岗（　　）		是否串岗（　　）		是否串岗（　　）	
是否完成项目（　　）		是否完成项目（　　）		是否完成项目（　　）		是否完成项目（　　）	
评价：优、良、差		评价：优、良、差		评价：优、良、差		评价：优、良、差	
自己评语							
老师评语							

（3）班长实训报告如表 17-6 所示。

表 17-6　班长实训报告表

姓名		班级		分组		日期	
实训项目							
实训内容							
	第一组		第二组		第三组		第四组
	是否串岗（　　　）		是否串岗（　　　）		是否串岗（　　　）		是否串岗（　　　）
	是否完成项目（　　　）		是否完成项目（　　　）		是否完成项目（　　　）		是否完成项目（　　　）
	评价：优、良、差		评价：优、良、差		评价：优、良、差		评价：优、良、差
自己评语							
老师评语							

项目十八　发电机、空调压缩机与助力泵传动带的检查与更换

一、实训目的

（1）让学生了解汽车传动带的检查与更换注意事项。

（2）让学生掌握汽车传动带的检查与更换方法。

（3）锻炼学生的团队协作和动手能力。

二、实训前准备

此次实训所需主要设备与工具分别为套筒扳手、十字螺钉旋具、毛巾、抹布等。

三、老师讲解示范

（1）工具的使用方法。

（2）操作注意事项。

四、实训管理

（1）学生分组：每组 4~5 人，先让学生自己分组，选出 1 名组长并记录名字，然后视情况进行适当调整，如表 18-1 所示。

表 18-1　学生分组表

第一组	第二组	第三组	第四组
组长：	组长：	组长：	组长：
成员：	成员：	成员：	成员：

（2）学生组长：协调成员，规范学生操作（见表 18-2）并收集遇到的问题。

表 18-2　学生规范操作表（一）

第　组			
姓名：	姓名：	姓名：	姓名：
是否串岗（　　）	是否串岗（　　）	是否串岗（　　）	是否串岗（　　）
是否完成项目（　　）	是否完成项目（　　）	是否完成项目（　　）	是否完成项目（　　）
评价：优、良、差	评价：优、良、差	评价：优、良、差	评价：优、良、差

（3）老师指导：对操作现场进行安全检查，提醒学生注意安全，规范学生操作（见表 18-3）解决并收集学生遇到的问题，指导班长协助管理。

表 18-3　学生规范操作表（二）

班长：

第一组组长	第二组组长	第三组组长	第四组组长
是否串岗（　　）	是否串岗（　　）	是否串岗（　　）	是否串岗（　　）
是否协调成员（　　）	是否协调成员（　　）	是否协调成员（　　）	是否协调成员（　　）
评价：优、良、差	评价：优、良、差	评价：优、良、差	评价：优、良、差

 五、实训操作

下面以科鲁兹轿车为例，讲解发电机、空调压缩机及助力泵传动带的检查与更换过程。

（1）施工前准备工作同项目五。

（2）观察传动带的布置情况，并确定拆解方案。

（3）拆卸遮挡传动带的相关附件，拆卸传动带前先记下传动带的绕向，如图 18-1 和图 18-2 所示。

图 18-1　拆卸遮挡传动带的相关附件

图 18-2　拆卸传动带前记下传动带的绕向

（4）沿箭头所指方向，通过调整螺栓凸出部分沿逆时针方向向传动带张紧器施加张紧力，并使其慢慢往回滑，如图 18-3 所示。正常情况下，张紧器应往回滑至原始位置。（诊断包括自动传动带张紧器的功能检查和传动带以及连接至传动带的零部件的目视检查）。

（5）再次沿逆时针方向，从传动带张紧器调节螺栓向传动带张紧器施加张紧力，并用专用锁销将其锁止。

（6）记下传动带的绕向并拆下传动带，并检查其磨损情况，如图18-4所示。

（7）安装按与拆卸相反的顺序进行。安装时注意在套上传动带后应确保传动带被定位在发电机带轮、曲轴扭转减振器、传动带张紧器和水泵带轮上。传动带必须位于法兰和法兰之间的水泵带轮上。对位后应使张紧器慢慢往回滑，同时拆下专用锁销。

图 18-3　向传动带张紧器施加张紧力

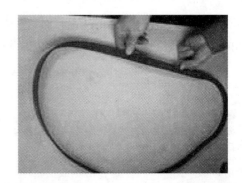

图 18-4　检查传动带的磨损情况

 六、练习与思考

（1）如何判断发动机传动带的好坏？

（2）在拆装发动机传动带时应该注意什么？

（1）成员实训报告如表 18-4 所示。

表 18-4　成员实训报告表

姓名		班级		分组		日期	
实训项目							
实训内容							
自己评语							
老师评语							

（2）组长实训报告如表 18-5 所示。

表 18-5　组长实训报告表

姓名		班级		分组		日期	
实训项目							
实训内容							
第　　　组							
姓名：		姓名：		姓名：		姓名：	
是否串岗（　　）		是否串岗（　　）		是否串岗（　　）		是否串岗（　　）	
是否完成项目（　　）		是否完成项目（　　）		是否完成项目（　　）		是否完成项目（　　）	
评价：优、良、差		评价：优、良、差		评价：优、良、差		评价：优、良、差	
自己评语							
老师评语							

（3）班长实训报告如表18-6所示。

表18-6 班长实训报告表

姓名		班级		分组		日期	
实训项目							
实训内容							
	第一组		第二组		第三组		第四组
	是否串岗（ ）		是否串岗（ ）		是否串岗（ ）		是否串岗（ ）
	是否完成项目（ ）		是否完成项目（ ）		是否完成项目（ ）		是否完成项目（ ）
	评价：优、良、差		评价：优、良、差		评价：优、良、差		评价：优、良、差
自己评语							
老师评语							

项目十九 汽车雨刮器片的检查与更换

一、实训目的

（1）让学生了解汽车雨刮器片的检查与更换注意事项。

（2）让学生掌握汽车雨刮器片的检查与更换方法。

（3）锻炼学生的团队协作和动手能力。

二、实训前准备

此次实训所需主要设备与工具分别为毛巾、抹布等。

三、老师讲解示范

（1）工具的使用方法。

（2）操作注意事项。

四、实训管理

（1）学生分组：每组 4~5 人，先让学生自己分组，选出 1 名组长并记录名字，然后视情况进行适当调整，如表 19-1 所示。

表 19-1　学生分组表

第一组	第二组	第三组	第四组
组长：	组长：	组长：	组长：
成员：	成员：	成员：	成员：

（2）学生组长：协调成员，规范学生操作（见表 19-2）并收集遇到的问题。

表 19-2　学生规范操作表（一）

第　组			
姓名：	姓名：	姓名：	姓名：
是否串岗（　　）	是否串岗（　　）	是否串岗（　　）	是否串岗（　　）
是否完成项目（　　）	是否完成项目（　　）	是否完成项目（　　）	是否完成项目（　　）
评价：优、良、差	评价：优、良、差	评价：优、良、差	评价：优、良、差

（3）老师指导：对操作现场进行安全检查，提醒学生注意安全，规范学生操作（见表 19-3）解决并收集学生遇到的问题，指导班长协助管理。

表 19-3　学生规范操作表（二）

班长：

第一组组长	第二组组长	第三组组长	第四组组长
是否串岗（　　）	是否串岗（　　）	是否串岗（　　）	是否串岗（　　）
是否协调成员（　　）	是否协调成员（　　）	是否协调成员（　　）	是否协调成员（　　）
评价：优、良、差	评价：优、良、差	评价：优、良、差	评价：优、良、差

 五、实训操作

下面以科鲁兹轿车为例，讲解汽车雨刮器片的检查与更换过程。

（1）施工前准备工作。停放好车辆并拉紧驻车制动器。

（2）拆卸雨刮器片的时候，竖起雨刮器臂，为更换雨刮器片做准备。然后一只手抓雨刮器片，另一只手按住雨刮器片固定杆，从雨刮器片固定装置上分离雨刮器片，如图 19-1~ 图 19-3 所示。

图 19-1　拆卸雨刮器片

图 19-2　按住雨刮器片固定杆

图19-3　分离雨刮器片

（3）在雨刮器片处于分离状态时，注意避免雨刮器臂碰到风窗玻璃，放下时应垫上毛巾，以免玻璃破损，如图19-4所示。

（4）安装雨刮器片的时候，先把新的雨刮器片水平放置后将固定杆朝下，然后将雨刮器片孔对准固定杆并向下插入，如图19-5所示。

（5）把雨刮器片朝上推到最高位置，然后把固定杆安装到雨刮器臂上，直到听到"咔嗒"声为止，这说明安装位置是正确的。

（6）更换完雨刮器片后，注意检查雨刮器的刮水效果。

图19-4　在分离雨刮器片时垫上毛巾

图19-5　安装雨刮器片

 六、练习与思考

更换雨刮器片的时候应该注意什么？

七、实训报告

（1）成员实训报告如表 19-4 所示。

表 19-4　成员实训报告表

姓名		班级		分组		日期	
实训项目							
实训内容							
自己评语							
老师评语							

（2）组长实训报告如表 19-5 所示。

表 19-5　组长实训报告表

姓名		班级		分组		日期	
实训项目							
实训内容							
	第　　　　组						
姓名：	姓名：		姓名：		姓名：		
是否串岗（　　）	是否串岗（　　）		是否串岗（　　）		是否串岗（　　）		
是否完成项目（　　）	是否完成项目（　　）		是否完成项目（　　）		是否完成项目（　　）		
评价：优、良、差	评价：优、良、差		评价：优、良、差		评价：优、良、差		
自己评语							
老师评语							

（3）班长实训报告如表 19-6 所示。

表 19-6　班长实训报告表

姓名		班级		分组		日期	
实训项目							
实训内容							

第一组		第二组		第三组		第四组	
是否串岗（　　）		是否串岗（　　）		是否串岗（　　）		是否串岗（　　）	
是否完成项目（　　）		是否完成项目（　　）		是否完成项目（　　）		是否完成项目（　　）	
评价：优、良、差		评价：优、良、差		评价：优、良、差		评价：优、良、差	

自己评语	
老师评语	

项目二十　蓄电池的定期维护与检查

一、实训目的

（1）让学生了解蓄电池的定期维护与检查注意事项。

（2）让学生掌握蓄电池的定期维护与检查方法。

（3）锻炼学生的团队协作和动手能力。

二、实训前准备

此次实训所需主要设备与工具分别为十字螺钉旋具、毛巾、抹布、气枪。

三、老师讲解示范

（1）工具的使用方法。

（2）操作注意事项。

四、实训管理

（1）学生分组：每组 4~5 人，先让学生自己分组，选出 1 名组长并记录名字，然后视情况进行适当调整，如表 20-1 所示。

表 20-1　学生分组表

第一组	第二组	第三组	第四组
组长：	组长：	组长：	组长：
成员：	成员：	成员：	成员：

（2）学生组长：协调成员，规范学生操作（见表 20-2）并收集遇到的问题。

表 20-2　学生规范操作表（一）

第　组			
姓名：	姓名：	姓名：	姓名：
是否串岗（　　）	是否串岗（　　）	是否串岗（　　）	是否串岗（　　）
是否完成项目（　　）	是否完成项目（　　）	是否完成项目（　　）	是否完成项目（　　）
评价：优、良、差	评价：优、良、差	评价：优、良、差	评价：优、良、差

（3）老师指导：对操作现场进行安全检查，提醒学生注意安全，规范学生操作（见表 20-3）解决并收集学生遇到的问题，指导班长协助管理。

表 20-3　学生规范操作表（二）

班长：

第一组组长	第二组组长	第三组组长	第四组组长
是否串岗（　　）	是否串岗（　　）	是否串岗（　　）	是否串岗（　　）
是否协调成员（　　）	是否协调成员（　　）	是否协调成员（　　）	是否协调成员（　　）
评价：优、良、差	评价：优、良、差	评价：优、良、差	评价：优、良、差

 五、实训操作

下面以科鲁兹轿车为例讲解蓄电池的定期维护与检查过程。

（1）施工前准备工作同项目五。

（2）打开收音机并记录所有的客户预设电台，确保所有车灯和附件关闭，将点火开关置于"OFF（关闭）"位置，拔出点火钥匙。

（3）打开蓄电池正、负极保护罩盖，如图 20-1 所示。

（4）分别松开蓄电池负、正极连接电缆和连接到起动机的蓄电池正极电缆，如图 20-2 和图 20-3 所示。

图 20-1　打开蓄电池罩盖

图 20-2　松开蓄电池连接电缆

图 20-3　松开起动机的蓄电池正极电缆

（5）拆下蓄电池压板紧固件螺母，将蓄电池压板紧固件从蓄电池托架上拆下。

（6）蓄电池的充电。蓄电池的充电方法有定流充电、定压充电和脉冲快速充电 3 种。

①定流充电。蓄电池在充电过程中，充电电流保持恒定不变的充电方法称为定流充电。由于充电过程中蓄电池电动势逐渐升高，因此充电过程中要不断调整充电电压。当充到蓄电池单格电压升到 2.4V（电解液开始冒气泡）时，再将充电电流减小一半后保持恒定，直到蓄电池完全充足。

定流充电时，被充的蓄电池采用串联的方式进行充电，如图 20-4 所示。

②定压充电。在充电过程中，加在蓄电池两端的充电电压保持恒定不变的充电方法，称为定压充电。

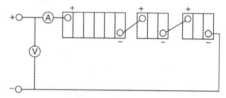

图 20-4　定流充电时蓄电池的连接

定压充电的特点是：充电开始，充电电流很大，随着蓄电池电动势的不断提高，充电电流逐渐减小，充电终了，充电电流将自动减小到零。

定压充电的充电时间短，充电过程中不需调整充电电压，因此适合于蓄电池的补充充电。定压充电时，蓄电池采用并联的方式进行充电，如图 20-5 所示。

③脉冲快速充电。脉冲快速充电法也称为分段充电法。充电初期采用大电流，使电池在较短的时间内达到额定容量的 60% 左右，当单格电压上升到 2.4V，电解液开始分解冒出气泡时，在充电设备的控制下，进行脉冲充电。

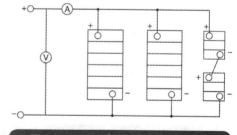

图 20-5　定压充电时蓄电池的连接

脉冲快速充电法的优点是：充电速度快，可缩短充电时间；增加蓄电池容量，极板去硫化明显。其缺点是：出气率高，即充电过程中产生大量的气泡，对极板活性物质的冲刷力强，易使活性物质脱落，对蓄电池的使用寿命有一定的影响。

（7）免维护蓄电池的检查。

对于全密封型免维护蓄电池，由于无加液孔，所以不能采用传统的密度计来测量电解液密度以判断其技术状况，为此，通过顶端的检查孔观察其颜色来判断蓄电池的技术状况，如图 20-6 所示。

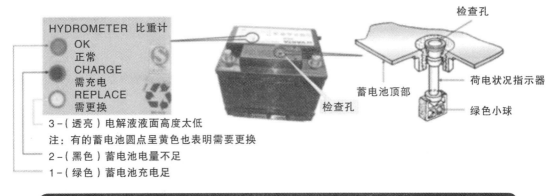

图 20-6　免维护蓄电池的检查

（8）安装按与拆卸相反的顺序进行。安装完成后插入点火钥匙将点火开关转至"ON（打开）"位置。设置客户所有的收音机预设电台并将收音机时钟设置为当前时间，对各电气系统进行易失性存储器编程。具体步骤如下。

①电动车窗升降器。将所有车窗移到最高位置并且按住开关 2 s。

②滑动天窗。将滑动天窗移到相应一侧的停止点，重新校准传感器。

③初始化转向盘转角传感器。对于具有电子动力转向系统和不具有车辆稳定性增强程序的车辆，务必在每次断开蓄电池后初始化转向盘转角传感器。转向盘转角传感器未初始化可能会限制电子动力转向系统的运行并导致人身伤害。

对于无电子稳定程序，但有电子动力转向系统的车辆，为确保电子动力转向系统的正确初始化，执行以下操作：

a. 发动机应在车辆处于静止状态的情况下运行。

b. 逆时针转动方向盘直至其停止。

c. 顺时针转动方向盘直至其停止。

（9）用蓄电池高功率放电计测量蓄电池端电压，方法如下：

①关闭点火开关。

②将高功率放电计的红色鳄鱼夹与蓄电池的正极相连，黑色鳄鱼夹与蓄电池的负极相连，如图 20-7 所示。

③按压高功率放电计测试开关并保持 5~10 s 后放开，待测试仪上的指针静止不动后读出读数（见图20-8），此读数即为蓄电池的端电压。如电压大于11.5V，表明蓄电池良好；如电压为9.5~11.5V，表明蓄电池较好。

图 20-7　连接高功率放电计

图 20-8　读取蓄电池端电压值

六、练习与思考

（1）免维护蓄电池一般通过什么方法来判断其技术状况？

（2）拆蓄电池极桩的时候应该注意什么？

 七、实训报告

（1）成员实训报告如表 20-4 所示。

表 20-4　成员实训报告表

姓名		班级		分组		日期	
实训项目							
实训内容							
自己评语							
老师评语							

（2）组长实训报告如表20-5所示。

表 20-5　组长实训报告表

姓名		班级		分组		日期	
实训项目							
实训内容							
	第　　　组						
姓名：		姓名：		姓名：		姓名：	
是否串岗（　　）		是否串岗（　　）		是否串岗（　　）		是否串岗（　　）	
是否完成项目（　　）		是否完成项目（　　）		是否完成项目（　　）		是否完成项目（　　）	
评价：优、良、差		评价：优、良、差		评价：优、良、差		评价：优、良、差	
自己评语							
老师评语							

（3）班长实训报告如表 20-6 所示。

表 20-6　班长实训报告表

姓名		班级		分组		日期	
实训项目							
实训内容							

第一组	第二组	第三组	第四组
是否串岗（　　　）	是否串岗（　　　）	是否串岗（　　　）	是否串岗（　　　）
是否完成项目（　　）	是否完成项目（　　）	是否完成项目（　　）	是否完成项目（　　）
评价：优、良、差	评价：优、良、差	评价：优、良、差	评价：优、良、差

自己评语	
老师评语	